BATISMO

BATISMO

Valter Maurício Goedert

BATISMO
Fonte de todas as vocações

Paulinas

Dados Internacionais de Catalogação na Publicação (CIP)

(Câmara Brasileira do Livro, SP, Brasil)

Goedert, Valter Maurício
    Batismo : fonte de todas as vocações / Valter Maurício Goedert. — 3.
ed. — São Paulo : Paulinas, 2010. — (Coleção catequistas de adultos)

    Bibliografia.
    ISBN 978-85-356-1277-6

    1. Batismo 2. Catequese — Igreja Católica 3. Sacramentos
I. Título. II. Série.

10-02106   CDD-234.161

Índice para catálogo sistemático:

1. Batismo : Sacramentos : Cristianismo 234.161

Citações bíblicas: *Bíblia Sagrada* – Tradução da CNBB, 2. ed., 2002

Direção-geral: *Flávia Reginatto*
Editora responsável: *Maria Inês Carniato*
Coordenação de revisão: *Andréia Schweitzer*
Revisão: *Leonilda Menossi e Ana Cecilia Mari*
Direção de arte: *Irma Cipriani*
Ilustrações: *Arquivo Paulinas*
Gerente de produção: *Felício Calegaro Neto*
Capa e produção de arte: *Telma Custódio*
Ilustrações: *Francisco Daniel Alves Moreira*

3ª edição – 2010
4ª reimpressão – 2017

*Nenhuma parte desta obra poderá ser reproduzida ou transmitida
por qualquer forma e/ou quaisquer meios (eletrônico ou mecânico,
incluindo fotocópia e gravação) ou arquivada em qualquer sistema ou
banco de dados sem permissão escrita da Editora. Direitos reservados.*

Paulinas
Rua Dona Inácia Uchoa, 62
04110-020 – São Paulo – SP (Brasil)
Tel.: (11) 2125-3500
http://www.paulinas.org.br – editora@paulinas.com.br
Telemarketing e SAC: 0800-7010081
© Pia Sociedade Filhas de São Paulo – São Paulo, 2004

Apresentação

A Igreja do Brasil, em seu processo de amadurecimento, está dando um grande passo rumo à vida adulta na fé, no testemunho e no serviço. Conhecer Jesus, seguir suas pegadas, assimilar seu ensinamento e deixar que ele viva em nós é indispensável para que possamos tornar-nos catequistas adultos na fé e capazes de acompanhar o itinerário daqueles que desejam vê-lo.

Os sacramentos, a Palavra de Deus, a oração, são fontes perenes da fé da Igreja e tornam-se indispensáveis para quem quer entrar no discipulado de Jesus Mestre Caminho, Verdade e Vida e testemunhá-lo no ministério da catequese. Por isso a coleção *Catequistas de adultos* oferece subsídios simples e profundos, no intuito de ajudar os grupos paroquiais, ou as escolas de catequese, no estudo orante e compartilhado.

Este livro propõe reflexões acerca do batismo, com um duplo objetivo: apresentar, de modo sintético e com linguagem simples, os principais fundamentos teológicos do sacramento e motivar para uma espiritualidade batismal, pela qual os cristãos, e particularmente os catequistas, possam viver mais intensamente o seguimento de Jesus Cristo e tornar-se seus discípulos e suas testemunhas.

O livro está organizado em duas partes. A primeira: *Dom de Deus e vocação humana,* apresenta os fundamentos bíblicos e teológicos de cada um dos elementos do sacramento do batismo. A segunda parte: *A fé ilumina a vida,* oferece uma visão da identidade do cristão que, pelo batismo, torna-se participante do culto e da missão da Igreja, para ser sal e luz no mundo.

O batismo é o fundamento de toda a vida cristã, a porta da vida no Espírito Santo e a porta que abre o acesso aos demais sacramentos. Pelo batismo somos libertados do pecado e regenerados como filhos de Deus, tornamo-nos membros de Cristo, somos incorporados à Igreja e feitos partícipes de sua missão (*Catecismo da Igreja Católica,* n. 1213).

APRESENTAÇÃO

Por esse motivo, está na origem da teologia da vocação e de cada uma das vocações cristãs. "O aprofundamento da vocação batismal e do chamado à santidade, afirma João Paulo II, vai nos permitir superar uma série de dificuldades que ainda encontramos na animação vocacional" (Carta Apostólica *Novo Millennio Ineunte*, n. 30-31).

Os temas abordados nesta obra são retirados do próprio rito do batismo; procuram traduzir em compromisso de fé e em atitudes de vida a mensagem latente nos principais símbolos celebrados.

Faço votos de que esta reflexão ilumine a compreensão e colabore na vivência deste sacramento, o sacramento da regeneração e da renovação no Espírito Santo (cf. Tt 3,5).

I

DOM DE DEUS E VOCAÇÃO HUMANA

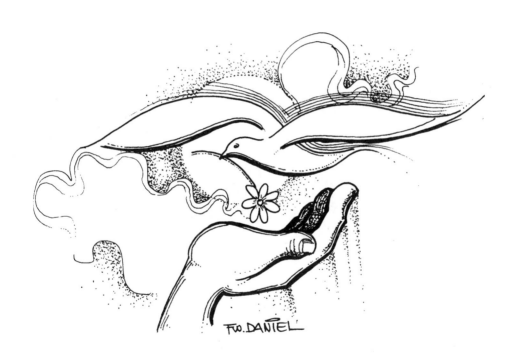

DOM DE DEUS
E VOCAÇÃO HUMANA

A filiação divina

O santo batismo é o fundamento de toda a vida cristã, a porta da vida no Espírito e a entrada para o acesso aos demais sacramentos. Pelo batismo somos libertados do pecado e regenerados como filhos de Deus, tornamo-nos membros de Cristo, somos incorporados à Igreja e feitos participantes de sua missão. O batismo é o sacramento da regeneração pela água na Palavra (*Catecismo da Igreja Católica*, n. 1213).

Chamados pelo nome

O ritual do batismo prevê a acolhida dos candidatos, chamando-os pelo nome. Em todas as culturas e religiões, o nome de uma pessoa encerra uma *sacralidade* particular: indica a identidade do portador e exprime seu poder, podendo tornar-se até um substituto da pessoa.

No Antigo Testamento, Iahweh está presente lá onde seu nome é invocado (cf. Is 18,7). O nome dele habita no Templo, enquanto ele mesmo mora nos céus (cf. Dt 12,11). Conhecer o nome de Iahweh significa fazer experiência da realidade divina (cf. Sl 9,16). O mensageiro fala em nome e com a autoridade daquele que o envia (cf. Jr 25,29). De outra parte, a suprema ameaça do ímpio é não ter nome (cf. Jó 18,17), ver seu nome apodrecer (cf. Pr 10,7). A substituição do nome indica mudança na pessoa ou em sua missão (cf. Is 62,2).

Na Anunciação, o anjo lembra a Maria que deve dar a seu filho o nome de Jesus, que significa "Iahweh salvação" (cf. Lc 1,3ss). Jesus, por sua vez, torna conhecido o nome do Pai (cf. Jo 17,6.26), glorifica seu nome (cf. Jo 12,28), pedindo ao Pai que conserve os discípulos em seu nome (cf. Jo 17,11), age em nome do Pai (cf. Jo 10,25) e insiste para que o nome do Pai seja santificado (cf. Mt 6,9).

Jesus também chama os apóstolos pelo nome (cf. Mc 3,16-19) e lhes confere o poder (cf. Mc 16,17). Eles, por sua vez, pregam em seu nome

DOM DE DEUS E VOCAÇÃO HUMANA

(cf. At 5,40), que está acima de qualquer outro, porque ele é o Senhor (cf. Fl 2,9-11). Os cristãos são, ainda, identificados como aqueles que invocam o nome de Jesus e nele são batizados (cf. At 2,38). A Igreja também invoca o nome de Jesus, em seu nome se reúne (cf. Mt 18,20) e pratica boas obras (cf. Cl 3,17).

Como aconteceu com Moisés (cf. Ex 3,4), Samuel (cf. 1Sm 3,4) e Isaías (cf. Is 43,1), Deus nos chama pelo nome desde toda a eternidade, desde o seio de nossa mãe (cf. Is 49,1), para sermos seus filhos (cf. Rm 9,26), e o somos de fato (cf. 1Jo 3,1). Fomos chamados das trevas para a luz, para a liberdade, para pertencermos a Cristo (cf. Rm 1,6). Paulo nos convida a sermos dignos da vocação para a qual fomos chamados e a vivermos de acordo com os mandamentos do Senhor (cf. Ef 4,1; Cl 1,10).

Graças à condição de filhos, adquirida por quem foi incorporado ao Filho e agraciado pelo dom do Espírito pela fé e pelo batismo, desfaz-se para o cristão a necessidade de mediações para chegar a Deus. A voz do cristão é a voz do próprio Filho, porque é o clamor do Espírito em suas entranhas. A oração do cristão é a conseqüência imediata de sua condição de *filho no Filho* (Francisco Taborda, *Nas fontes da vida cristã*, São Paulo, Loyola, 2001, p. 126).

Filhos no Filho

Naqueles dias, Jesus veio de Nazaré da Galiléia e foi batizado por João, no rio Jordão. Logo que saiu da água, viu o céu rasgar-se e o Espírito, como pomba, descer sobre ele. E do céu veio uma voz: "Tu és o meu Filho amado; em ti está meu pleno agrado" (Mc 1,9-11).

Jesus não é apenas o Filho amado; é também o Filho único: "De fato, Deus amou tanto o mundo, que lhe deu o seu Filho único, para que todo o que nele crer não pereça, mas tenha a vida eterna" (Jo 3,16). Cheio de graça e de verdade (cf. Jo 1,14), Jesus aceita a profissão de fé de Pedro, porque ele é o Filho de Deus vivo (cf. Mt 16,16-17). Diante do Sinédrio, Jesus reconhece sua filiação divina (cf. Lc 22,70). O centurião exclama: "Na verdade, este homem era o Filho de Deus!" (Mc 15,39b).

Jesus não declara somente ter sido enviado pelo Pai e ser testemunha da verdade; afirma também sua íntima e vital relação com ele. Age em união com o Pai (cf. Jo 5,19), vive no Pai (cf. Jo 6,57), tem tudo o que o Pai possui (cf. Jo 16,15; 17,10), e quem o vê, igualmente vê o Pai (cf. Jo 14,9). Somente ele pode afirmar: "Eu e o Pai somos um" (Jo 10,30). A unidade com o Pai está na base de cada palavra, de cada gesto de Jesus, permeia toda a revelação que ele faz de si próprio.

No entanto, Cristo não só concede a vida: ele é pessoalmente a vida (cf. Jo 1,4; 11,25). Do mesmo modo que o Pai tem a vida em si mesmo, assim também concede a seu Filho que tenha vida para sempre. Por isso, ressuscita-o do mortos. Cristo é Filho de Deus até em sua humanidade. É Deus de maneira humana e homem de maneira divina. Seu amor é humano, é a forma humana do amor redentor de Deus. As palavras de Jesus são expressões humanas de Deus; seu atos, atos de Deus em forma de manifestação humana.

Para o apóstolo Paulo, essa filiação foi confirmada pela ressurreição (cf. Rm 1,4). Nele o Pai fez habitar a plenitude (cf. Cl 1,19). O Pai de nosso Senhor Jesus Cristo nos abençoa com toda bênção espiritual nos céus, em Cristo, e nele nos escolhe e nos predestina à adoção de filhos (cf. Ef 1,3-5). Em Cristo, somos filhos da luz e como tal devemos proceder. Pela fé e pela conversão nos tornamos, também nós, filhos de Deus, e a prova de que o somos é que Deus nos enviou o Espírito do seu Filho, que clama: "*Abbá*, Pai" (cf. Gl 4,6).

Ser filhos no Filho é obra do Espírito. A partir da fé em Jesus Cristo e do batismo em seu nome, o cristão aprende a reconhecer a voz do Senhor e a realizar sua vontade. Não temos outro caminho, senão o exemplo do Filho amado em sua experiência de intimidade com o Pai. Ele é o caminho, a verdade e a vida (cf. Jo 14,5-20). Como pedagogo, toma-nos onde estamos e, progressivamente, nos conduz ao Pai. O Filho bem-amado abre as portas para o Pai. No Espírito Santo, a oração cristã torna-se comunhão de amor com o Pai, não apenas por Cristo, mas também com ele e nele. Orar ao Pai é entrar em seu mistério.

> Não existe outro caminho da oração cristã, senão Cristo. Seja a nossa oração comunitária ou pessoal, vocal ou interior, ela só tem acesso ao Pai se oramos *em nome* de Jesus. A santa humanidade de Jesus é, portanto, o caminho pelo qual o Espírito Santo nos ensina a orar a Deus, nosso Pai (*Catecismo da Igreja Católica*, n. 2664).

No seguimento de Jesus, o cristão é chamado a dialogar com o Pai. Por intermédio do Filho e na força do Espírito, acolhe o dom do alto e apresenta, com sua oração, o louvor e as necessidades de toda a humanidade. O seguimento de Jesus exige, pois, comunhão fraterna e compromisso recíproco. O cristão sente que deve ser aberto aos semelhantes e ao mundo para ser discípulo daquele que acreditou no ser humano a ponto de morrer na cruz por

DOM DE DEUS E VOCAÇÃO HUMANA

todos nós, libertando-nos do pecado e da morte eterna. Em Cristo, nada do que é realmente humano é estranho a Deus, que nele se revela.

PARA REFLETIR

- Somos amados por Deus desde toda a eternidade.
- Deus nos chama pelo nome.
- Fomos adotados como filhos e filhas pelo Filho de Deus.
- O Espírito em nós clama: "*Abbá*, Pai!"

REZANDO COM A IGREJA – 1Jo 3,1-2.9-10

Vede que grande presente de amor
o Pai nos deu:
sermos chamados filhos de Deus!
E nós o somos!

Se o mundo não nos conhece,
é porque não conheceu o Pai.

Caríssimos, desde já somos filhos de Deus,
mas nem sequer se manifestou o que seremos!
Sabemos que, quando Cristo se manifestar,
seremos semelhantes a ele,
porque o veremos tal como ele é.

Todo aquele que nasceu de Deus
não comete pecado,
porque a semente de Deus fica nele;
é impossível que ele peque,
pois nasceu de Deus.

Nisto se revela quem é filho de Deus
e quem é filho do diabo:
todo aquele que não pratica a justiça
não é de Deus,
como também não é de Deus
quem não ama o seu irmão.

O Senhor nos dê sua força

O Cristo Salvador te dê sua força.
Que ela penetre em tua vida
como este óleo em teu peito.
(*Rito do batismo*, n. 131).

A força de Deus

O poder de Deus se manifesta, sobretudo, no seu plano de salvação. Cristo veio em nome do Pai, não para condenar, mas para salvar, e para que todos tenham vida em abundância (cf. Jo 10,10). Somos fortes na medida em que participamos da força de Deus. O Espírito Santo, que manifestou seu poder ao ressuscitar Jesus dentre os mortos (cf. Fl 3,10ss), também fortifica em nós a pessoa interior e nos conduz à plenitude de Deus (cf. Ef 3,16-19).

Por ocasião da missa do crisma, na Quinta-feira Santa, pela manhã, ao abençoar o óleo para a unção pré-batismal, chamado óleo dos catecúmenos, o bispo invoca:

> Ó Deus, força e proteção de vosso povo, que fizestes do óleo, vossa criatura, um sinal de fortaleza, dignai-vos abençoar este óleo, e concedei o dom da força aos catecúmenos que com ele forem ungidos, para que, recebendo a sabedoria e as virtudes divinas, compreendam mais profundamente o Evangelho do vosso Cristo, sejam generosos no cumprimento dos deveres cristãos e dignos da adoção filial; alegrem-se por terem renascido e viverem em vossa Igreja.

De fato, o ser humano não possui, em si próprio, a força que lhe dê a salvação. É Deus que o fortalece e o engaja no seu serviço, a fim de que realize sua vontade (cf. Sl 41,10; 2Cor 3,8). Não devemos considerar nossa a graça que procede de Deus. É ele quem "entrega os inimigos em nossas mãos" (Jz 7,2). Quando o ser humano já não pode, Deus intervém (cf. Is 41,12).

DOM DE DEUS E VOCAÇÃO HUMANA

A humildade cristã não se confunde com sentimento de fraqueza, mas significa tomada de consciência de uma força que deriva inteiramente de Deus (cf. 2Cor 4,7). Maria exaltou essa força divina em seu *Magnificat* (cf. Lc 1,46-55).

O dever dos cristãos de tomar parte na vida da Igreja leva-os a agir como testemunhas do Evangelho e das obrigações dele decorrentes. Esse testemunho é transmissão da fé em palavras e atos. O testemunho é um ato de justiça que estabelece ou dá a conhecer a verdade (*Catecismo da Igreja Católica*, n. 2472).

A força da cruz

Traçando o sinal-da-cruz sobre quem será batizado, o ministro adverte: "Nosso sinal é a cruz de Cristo. Por isso vamos marcar esta criança com o sinal do Cristo Salvador".

Jesus tomou sobre si a cruz que era destinada a cada um de nós. A cruz surge aos nossos olhos como um paradoxo: "Se alguém quer vir após mim, renuncie a si mesmo, tome sua cruz, cada dia, e siga-me" (Lc 9,23). Jesus sabia que a cruz era o único caminho para entrar no mais íntimo do ser humano; uma morte violenta, o único meio de penetrar suavemente em nossos corações. É difícil carregar esta cruz do paradoxo no mundo contemporâneo, globalizado, dominado pelo poder econômico, pela sedução do hedonismo, pelo convite à liberdade sem ética.

A cruz é o lugar em que Deus fala no silêncio. Morrendo na cruz, Jesus desceu ao mais profundo da experiência humana, no abismo de sua dor, de sua pobreza, de sua solidão. Deus conheceu a dor humana ao ouvir o grito de seu Filho: "Meu Deus, meu Deus, por que me abandonaste?" (Mc 15,34). Jesus morreu, mas foi oferecido a todos os homens o mistério do Pai que, acolhendo o Abandonado, também nos acolhe.

Eram na verdade os nossos sofrimentos que ele carregava, eram as nossas dores, que levava às costas. E a gente achava que ele era um castigado, alguém por Deus ferido e massacrado. Mas estava sendo traspassado por causa de nossas rebeldias, estava sendo esmagado por nossos pecados. O castigo que teríamos de pagar caiu sobre ele, com os seus ferimentos veio a cura para nós (Is 53,4-5).

Talvez, nada seja mais difícil de se compreender que o mistério da cruz. Ela não é compreendida pelo coração e pela inteligência. Seu espaço é tão

BATISMO 15

estreito que só cabe no momento presente e, este, não é fácil de se viver. Às vezes, tornamo-nos cristãos apenas de nome, praticantes, quem sabe, mas distantes daquilo que Jesus deseja de nós.

É preciso tomar a própria cruz. Despertar pela manhã na sua expectativa, sabendo que somente por seu intermédio chegam até nós aqueles dons que o mundo desconhece, aquela paz, aquele gáudio, aquele conhecimento das coisas celestes, ignoradas pela maioria. A cruz: coisa tão comum! Tão fiel, que nunca falta ao encontro de cada dia. Basta acolhê-la para tornar-se santo (Chiara Lubich, *Meditações*, São Paulo, Cidade Nova, 1972, p. 12).

Como Paulo, é preciso insistir no sentido da cruz de Cristo, ainda que possa parecer loucura ou maldição; para os que se salvam, ela foi e será sempre força de Deus (cf. 1Cor 1,17-18). É necessário que nos gloriemos somente da cruz do nosso Senhor Jesus Cristo, e que, por ele, o mundo esteja crucificado para nós e nós para o mundo (cf. Gl 6,14). Só ele cravou na cruz nossos pecados e anulou o decreto de nossa condenação (cf. Cl 2,14).

Com a Igreja, na celebração da Paixão do Senhor, somos convidados a exaltar a cruz redentora:

Cruz fiel, árvore nobre,
que flor e fruto nos dais!
Árvore alguma se cobre das mesmas pompas reais.
Lenho que o sangue recobre,
ao Homem Deus sustentais!
Cantamos hoje
em memória da luta que houve na cruz,
este sinal da vitória,
que todo um povo conduz;
nela, coberto de glória,
morrendo, vence Jesus!

A vitória da cruz

Nossa luta não é contra o sangue, já advertia Paulo (cf. Ef 6,12). Combatemos contra tudo aquilo que impede a realização plena do Reino de Deus, em nós e no mundo. É preciso vencer o pecado e todas as suas formas de escravidão, suas agressões (cf. Hb 12,4). Não podemos perder o tempo precioso que

DOM DE DEUS E VOCAÇÃO HUMANA

nos é oferecido dando golpes no ar, sem sentido e sem direção (cf. Cl 9,26). A Boa-Nova cristã consiste em anunciar a cruz redentora de Cristo, a porta estreita, através da qual chegaremos à verdadeira felicidade (cf. Mt 7,13).

O mundo não se divide entre pessoas que sofrem, carregando sua cruz, e outras que não sofrem: todas têm sua cruz, todas sofrem. A diferença é outra: enquanto umas pessoas transformam sua cruz em troféu de vitória, pela fé em Jesus Cristo, outras sucumbem sob o peso da falta de sentido dos próprios sofrimentos, porque não acreditam no poder libertador da cruz de Jesus.

A cruz ensina que é na fraqueza, na dor e na reprovação do mundo que encontramos a Deus. A perfeição do nosso Deus manifesta-se, sobremaneira, nas imperfeições que ele assumiu por nosso amor. O cristão sabe que deve viver, no sinal-da-cruz, as obras e os gestos de cada dia (cf. Mt 10,38). O discípulo deve completar em sua carne o que falta às tribulações de Cristo (cf. Cl 1,24). A *via crucis* da fidelidade ao Senhor é percorrida pelo esforço contínuo de permanecer no amor de Deus. Nossa compaixão pelo Crucificado deve ser traduzida em atitudes fraternas para com todos os seres humanos, nossos irmãos e irmãs. Para quem se esforça por viver assim, a cruz de Cristo não é pesada, não se torna vã (cf. 1Cor 1,17), mas se transformará em vitória, "pois o que é loucura de Deus é mais sábio que os homens e o que é fraqueza de Deus é mais forte que os homens" (1Cor 1,25).

É preciso combater o bom combate, terminar a carreira, guardar a fé (cf. 2Tm 4,7). Somente será coroado quem lutar (cf. 2Tm 2,5). O seguimento de Jesus será sempre uma *via crucis*: encontros, desencontros, lágrimas, lamentos e morte. Contudo, como a história de Jesus não terminou na cruz e no túmulo, mas na ressurreição e na vitória do Cordeiro, assim nossa cruz será sinal de vitória. "Vitória, tu reinarás. Ó cruz, tu nos salvarás!" Também nós cantaremos o cântico novo do Cordeiro: "Aleluia! O Senhor, nosso Deus, o Todopoderoso passou a reinar. Fiquemos alegres e contentes, e demos glória a Deus, porque chegou o tempo das núpcias do Cordeiro!" (Ap 19,6b-7).

PARA REFLETIR

- Nossa força está na graça de Deus.
- Como aceitamos nossa cruz?
- Qual a nossa colaboração na obra da salvação?
- Em quem depositamos nossa confiança?

REZANDO COM A IGREJA – Rm 8,31ss

Se Deus é por nós, quem será contra nós?

Deus, que não poupou seu próprio Filho,
mas o entregou por todos nós,
como é que, com ele, não nos daria tudo?
Quem acusará os escolhidos de Deus?
Cristo Jesus, que morreu, mais ainda, que ressuscitou
e está à direita de Deus, intercedendo por nós?

Quem nos separará do amor de Cristo?
Tribulação, angústia, perseguição, fome, nudez, perigo, espada?
Mas, em tudo isso, somos mais que vencedores,
graças àquele que nos amou.
Tenho certeza de que nem a morte, nem a vida,
nem os anjos, nem os principados,
nem o presente, nem o futuro, nem as potências, nem a altura,
nem a profundeza, nem outra criatura qualquer
será capaz de nos separar do amor de Deus,
que está no Cristo Jesus, nosso Senhor.

3

É preciso nascer de novo!
O desejo de vida plena

O santo batismo é o fundamento de toda a vida cristã, a porta da vida no Espírito e a porta que abre o acesso aos demais sacramentos. Pelo batismo somos libertos do pecado e regenerados como filhos de Deus, tornamo-nos membros de Cristo, somos incorporados à Igreja e feitos participantes de sua missão. O batismo é o sacramento da regeneração pela água na Palavra (*Catecismo da Igreja Católica*, n. 1213).

O ser humano, em todos os tempos, tem manifestado o anseio da imortalidade. Embora a experiência inexorável da morte imponha limites a esse desejo, a crença numa vida futura faz parte da profissão de fé de quase todas as religiões, como também da reflexão filosófica da humanidade. A eternidade da vida humana é mais que uma aspiração, constitui como que uma *exigência* na busca de uma vida em plenitude.

A Sagrada Escritura descreve, com linguagem figurada, tanto a vida eterna, quanto o caminho que para lá conduz. João afirma que ela consiste no conhecimento do Deus único e verdadeiro e de Jesus Cristo, que foi por Deus enviado (cf. Jo 17,3). Trata-se de um dom gratuito, uma realidade não construída por mãos humanas (cf. 2Cor 5,1). Esta vida, que já está em seu Filho, nos é concedida por Deus Pai (cf. Jo 5,11). O que é visível passa, mas o que é invisível permanece; por isso, vale a pena suportar as tribulações do tempo presente para participar da glória eterna (cf. 2Cor 4,17-18).

A Carta aos Hebreus afirma que Jesus Cristo, o Filho amado, tornou-se causa de salvação eterna, pelo sangue de sua aliança definitiva (cf. Hb 5,9; 13,20). Pedro insiste: "Depois de terdes sofrido um pouco, o Deus de toda a graça, que vos chamou para a sua glória eterna, no Cristo Jesus, vos restabelecerá e vos tornará firmes, fortes e seguros" (1Pd 5,10).

DOM DE DEUS E VOCAÇÃO HUMANA

O memorial eterno, que nunca se extingue (cf. Is 55,13), é prometido a quem crê em Cristo, ouve sua palavra, come o seu Corpo e bebe seu Sangue (cf. Jo 3,15.36; 5,24; 6,54). Herdará a vida eterna e ressuscitará para dela tomar posse (cf. Mt 19,29; 25,46). Dele brotará uma fonte, que jorra para a vida eterna (cf. Jo 4,14).

> Este sacramento é também chamado *o banho da regeneração* e da renovação no Espírito Santo, pois ele significa e realiza este nascimento a partir da água e do Espírito, sem o qual ninguém pode entrar no Reino de Deus (*Catecismo da Igreja Católica*, n. 1215).

Nascer da água e do Espírito

Jesus adverte Nicodemos de que, para alcançar a vida eterna e entrar no Reino de Deus, é preciso nascer da água e do Espírito Santo (cf. Jo 3,3-6). Não se trata de uma simples extensão desta vida terrena, mas de uma dimensão inteiramente nova de vida, concedida gratuitamente, sem mérito nenhum de nossa parte. Uma vida para além daquela natural: sobrenatural. Por causa do pecado, esta vida se transformou em fator de morte (cf. Rm 7,10). É preciso, portanto, nascer do alto, nascer de Deus (cf. 1Jo 3,9). "Todo aquele que crê que Jesus é o Cristo foi gerado de Deus, e quem ama aquele que gerou amará também aquele que dele foi gerado" (1Jo 5,1).

A vida eterna exige transformação espiritual da mente, que nos revista do homem novo criado à imagem de Deus, na verdadeira justiça e santidade (cf. Ef 4,23-24). Pelo batismo, o Espírito nos torna filhos da promessa (cf. Gl 4,28), gerados não do sangue, nem da vontade da carne, nem da vontade do homem, mas de Deus (cf. Jo 1,13).

> Foi em sua Páscoa que Cristo abriu a todos os homens as fontes do batismo. Com efeito, já tinha falado da paixão que iria sofrer em Jerusalém como de um *batismo* com o qual devia ser batizado. O sangue e a água que escorreram do lado traspassado de Jesus crucificado são tipos do batismo e da eucaristia, sacramentos da vida nova; a partir daí é possível *nascer da água e do Espírito* para entrar no Reino de Deus (*Catecismo da Igreja Católica*, n. 1225).

Nascer de novo, nascer do alto, nascer da água e do Espírito, nascer de Deus: eis o dom sacramental do batismo cristão. Há uma relação fundamental entre batismo e mistério pascal de Jesus, como nos lembra o apóstolo Paulo: "Acaso ignorais que todos nós, batizados no Cristo Jesus, é na sua morte que fomos batizados? Pelo batismo fomos sepultados com ele em sua morte, para que, como Cristo foi ressuscitado dos mortos pela ação gloriosa do Pai, assim também nós vivamos uma vida nova" (Rm 6,3-4).

Assemelhar-se a Cristo é identificar-se com Cristo morto e ressuscitado. Ele, por primeiro, realiza o definitivo encontro com Deus, abrindo para todas as pessoas o caminho da salvação. Quem celebra o batismo se configura interiormente com Cristo. O próprio Cristo, por meio do seu Espírito, vive nele. O estar em Cristo constitui garantia da ressurreição (cf. 1Cor 15,22ss).

Outro aspecto importante, no contexto do mistério pascal, é a relação entre o batismo e o pecado original como incapacidade estrutural de o ser humano dialogar com Deus. Além dessa *culpa herdada*, existe uma dimensão pessoal no pecado, uma vez que este é fruto de uma atitude pessoal responsável. O batismo inaugura o retorno do diálogo com Deus, através do mistério pascal de Cristo, na força do seu Espírito.

Pelo batismo, Deus te libertou do pecado e renasceste pela água e pelo Espírito Santo. Agora fazes parte do povo de Deus. Que ele te consagre com o óleo santo para que, inserido, sacerdote, profeta e rei, continues no seu povo até a vida eterna (*Ritual do batismo de crianças*, n. 151).

PARA REFLETIR

- Como você vive sua fé cristã?

- Em que aspecto de sua vivência você sente que precisa crescer?

- O sacramento do batismo une a Cristo e à Igreja.

- Você acredita na vida eterna?

REZANDO COM A IGREJA – Ez 36,25-28

Derramarei sobre vós água pura
e sereis purificados.

"Eu vos purificarei de todas as impurezas
e de todos os ídolos.

Eu vos darei um coração novo
e porei em vós
um espírito novo.

Removerei de vosso corpo
o coração de pedra
e vos darei um coração de carne.

Porei em vós o meu espírito
e farei com que andeis
segundo minhas leis
e cuideis de observar os meus preceitos.

Habitareis na terra
que dei a vossos pais.

Sereis o meu povo
e eu serei o vosso Deus."

Batizados no Espírito

Na sinagoga de Nazaré, Jesus escolhe o texto do profeta Isaías e o aplica a si mesmo (cf. Lc 4,18-19). O Espírito repousa sobre Jesus, Filho de Deus, porque foi gerado pelo Pai, desde toda a eternidade, no Espírito Santo, Deus-Amor. Antes de descer sobre Jesus, no rio Jordão, o Espírito já estava com ele junto do Pai. No momento da concepção virginal ele desce sobre Maria, a fim de que possa gerar, no tempo, a Palavra eterna do Pai.

Marcos inicia o Evangelho com o anúncio de João Batista: "Eu vos batizei com água. Ele vos batizará com o Espírito Santo" (Mc 1,8). O profeta Joel anunciara que o Espírito seria derramado sobre todos os viventes (cf. 3,1). Ezequiel profetizara: "Eu vos darei um coração novo e porei em vós um espírito novo" (36,26).

Anunciando a efusão do Espírito, Jesus promete rios de água viva, brotando do coração dos que nele crêem (cf. Jo 7,37-38). Ordena aos discípulos que não se afastem de Jerusalém, mas esperem a realização da promessa, o batismo no Espírito, a fim de que possam testemunhar o Evangelho (cf. At 1,4-8). No dia de Pentecostes, enfim, o Espírito é derramado sobre os apóstolos e sobre todos aqueles que acolhem a Boa-Nova (cf. At 2,1-4).

A plenitude do Espírito Santo nos apóstolos expressa-se quando começam a falar em outras línguas. A língua nova é sinal e manifestação do coração novo que o Espírito criou neles. Esses homens que romperam as amarras da própria língua, símbolo de todas as barreiras que separam as pessoas umas das outras – a barreira das etnias, da cultura, do gênero, das classes, dos ressentimentos e preconceitos.

A palavra *batismo* significa tradicionalmente o sacramento da iniciação cristã. Por isso, será melhor evitar o uso da expressão *batismo no Espírito*, ambígua por sugerir uma espécie de sacramento. Poderão ser usados termos como *efusão do Espírito Santo, derramamento do Espírito Santo*. Do mesmo modo, não

DOM DE DEUS E VOCAÇÃO HUMANA

se utilize o termo *confirmação* para não confundir com o sacramento da crisma (Cf. CNBB, *Orientações pastorais sobre a Renovação Carismática Católica*, Doc. 53, n. 54).

Ao chamar a atenção para que não se utilize a expressão *batismo no Espírito*, os bispos do Brasil não desconhecem a Sagrada Escritura, mas apenas desejam evitar mal-entendidos. O enunciado não designa um batismo diferente daquele da regeneração, somente enfatiza a ação particular do Espírito nesse sacramento.

De fato, por força do Espírito Santo o batismo constitui um banho que purifica, santifica e justifica (cf. 1Cor 6,11). O Espírito unge, marca e concede as primícias da salvação. Lá onde se faz experiência de sua interioridade, aí está o Espírito que move a Igreja e cada cristão em particular. Todos fomos batizados com um só Espírito (cf. 2Cor 1,21-22).

O que está em Deus, ninguém o conhece senão o Espírito de Deus. Ora, seu Espírito que o revela nos dá a conhecer Cristo, seu Verbo, sua Palavra viva, mas não se revela a si mesmo. Aquele que falou pelos profetas faz-nos ouvir a Palavra do Pai. Mas ele mesmo, não o ouvimos. Só o conhecemos no momento em que nos revela o Verbo e nos dispõe a acolhê-lo na fé. O Espírito de Verdade que nos *desvenda* o Cristo não fala de si mesmo. Tal apagamento, propriamente divino, explica por que o mundo não pode acolhê-lo, porque não o vê nem o conhece, enquanto que os que crêem em Cristo o conhecem, porque ele permanece com eles (*Catecismo da Igreja Católica*, n. 687).

Tomar consciência da ação do Espírito significa, em primeiro lugar, viver a liberdade: "Agora, portanto, já não há condenação para os que estão no Cristo Jesus. Pois a lei do Espírito, que dá a vida no Cristo Jesus, te libertou da lei do pecado e da morte" (Rm 8,1-2). Ele liberta dos velhos esquemas de uma vida espiritual mesquinha, nos quais caímos com freqüência, e que nos mantêm presos ao ódio e aos egoísmos. Liberta dos conflitos que desfiguram a personalidade e prendem ao pessimismo existencial. Livra da falta de interesse pelas obras de Deus, porque onde o Espírito está presente, vive-se a plena liberdade (cf. 2Cor 3,17). Desfaz as amarras do pecado, do marasmo espiritual, do hedonismo e da irresponsabilidade moral.

Todos aqueles que se deixam conduzir pelo Espírito de Deus são filhos de Deus. De fato, vós não recebestes o espírito de escravos, para recairdes no medo, mas recebestes o Espírito que, por adoção, vos torna filhos, e no qual clamamos: *"Abbá*, Pai!"(Rm 8,14-15).

A vida no Espírito exprime também o dinamismo espiritual e evangelizador. Por falta dessa graça divina, as palavras e as atitudes carecem de força transformadora e tornam-se sons vazios, sem conteúdo nem convicção. Viver a força do Espírito significa falar livremente o que se sente no coração e aquilo que Deus inspira, sem temer as opiniões contrárias.

Agora, Senhor, olha as ameaças que fazem, e concede que os teus servos anunciem corajosamente a tua Palavra. Estende a mão para que se realizem curas, sinais e prodígios por meio do nome do teu santo servo Jesus (At 4,29-30).

A força do Espírito se manifesta, ainda, em curas, milagres e prodígios: se o poder do Espírito está em nosso coração, constatamos que, também em nossos dias, essas maravilhas acontecem em nós e, por nosso intermédio, naqueles que acreditam no Senhor Jesus.

O Espírito age, no entanto, não somente por meio das ações positivas, realizadas com amor, mas também mediante as fraquezas, uma vez que Deus escolheu o que o mundo considera fraqueza para envergonhar o forte (cf. 1Cor 1,27). O próprio Cristo despojou-se de sua condição divina, assumindo a forma de escravo para nos revestir da força do seu Espírito (cf. Fl 2,7). Como Jesus Cristo, como Paulo, é preciso fazer-se fraco com os fracos (cf. 1Cor 9,22), pois, quando somos fracos, é que nos tornamos fortes, para que, não nós, mas o amor de Deus se estabeleça na comunidade, por força do divino Espírito (cf. 2Cor 12,10).

A experiência de vida no Espírito inclui, além disso, acolher os dons de justiça e de santidade que ele prodigamente concede e fazê-los frutificar em atitudes concretas a serviço dos outros (cf. 1Cor 12,8-10). Os sete dons lembram exatamente essa plenitude de carismas e de graças, a fim de que o cristão possa ser, ele mesmo, dom de Deus para os seus semelhantes. É preciso acreditar na força do Espírito que habita em nós.

Fazer a experiência do Espírito implica deixar-se guiar por ele, seguir suas inspirações: "Se vivemos pelo Espírito, procedamos também de acordo com o Espírito" (Gl 5,25). Ele nos desafia diariamente a realizar a transformação interior do coração, a adquirir o equilíbrio, que nasce da sabedoria. Viver segundo o Espírito significa pensar, querer e agir movidos interiormente por aquele princípio de vida nova inserido em nós pelo batismo, que é o Espírito de Jesus. Equivale a permitir que Cristo viva em nós.

O Espírito Santo, alma da Igreja, é também o Espírito da universalidade. Não só opera a unidade da Igreja como constitui sua causa e fonte. É ele mesmo o vínculo de unidade, justamente como a alma no corpo. Somos, pois,

DOM DE DEUS E VOCAÇÃO HUMANA

chamados a contribuir para essa obra divina. "Na unidade do Espírito Santo" é a expressão conclusiva de todas as orações litúrgicas da Igreja. Essa unidade deve ser a força motriz de todo o apostolado cristão. Fomos criados para a unidade, porque fomos criados para a felicidade.

Dai-nos, Senhor, vosso Espírito de toda bondade para nos ensinar a bondade e apagar a nossa iniqüidade, a fim de que ele, que é convosco a própria bondade, a viva e perfeita bondade, nos torne misericordiosamente bons; para que, tornados participantes da eterna bondade divina, cessemos de ser maus e, agraciados pelo Bem supremo, permaneçamos eternamente bons (Liturgia visigótica).

PARA REFLETIR

- O que significa *batizar no Espírito*?
- É preciso tomar consciência da ação do Espírito.
- Você percebe a ação do Espírito em sua comunidade?
- Devemos "deixar-nos guiar" pelo Espírito.

REZANDO COM A IGREJA – Jo 14–16

Enviai, Senhor, o vosso Espírito,
e renovareis a face da terra!

"O Defensor, o Espírito Santo,
que o Pai enviará em meu nome,
ele vos ensinará tudo
e vos recordará
tudo o que vos tenho dito.

Quando vier o Defensor,
que eu vos enviarei da parte do Pai,
o Espírito da Verdade,
que procede do Pai,
ele dará testemunho de mim.

No entanto, eu vos digo a verdade:
é bom para vós que eu vá.

BATISMO 27

Se eu não for,
o Defensor não virá a vós.
Mas, se eu for,
eu o enviarei a vós.

Quando ele vier,
acusará o mundo em relação ao pecado,
à justiça e ao julgamento.

Quando ele vier, o Espírito da Verdade,
vos guiará em toda a verdade.
Ele não falará por si mesmo,
mas dirá tudo quanto tiver ouvido
e vos anunciará o que há de vir.

Ele me glorificará,
porque receberá do que é meu
para vos anunciar."

Quem crer e for batizado

A cada um de vós foi perguntado se acreditava no nome do Pai, e do Filho e do Espírito Santo. Vós professastes a fé da salvação e fostes por três vezes mergulhados na água e por três vezes dela saístes. Desse modo, significastes, em imagem e símbolo, os três dias da sepultura de Cristo (Cirilo de Jerusalém, *Catequeses mistagógicas*, n. 20,2).

Batismo: sacramento da fé

O batismo, como inserção no mistério pascal e sua representação eclesial, participa da riqueza e da complexidade da estrutura e da eficácia da Páscoa. Por esse motivo, é, por excelência, o sacramento da fé (cf. Gl 3,26-27). Constitui uma profissão de fé, acima de tudo, eclesial, enquanto sela uma aliança com Cristo e com a Igreja. A fé da Igreja é constitutiva do batismo; sem ela a Igreja não pode pronunciar a palavra eficaz que, pela força do Espírito, celebra o evento sacramental.

A Igreja, no entanto, não é uma abstração, mas uma realidade concreta, visível, uma comunidade de fiéis reunidos em nome de Cristo vivo e presente entre nós. Como sujeito celebrante, a Assembléia, aberta aos demais membros da comunidade local, representa o povo de Deus e se manifesta como Igreja que acolhe. O batismo constitui o vínculo sacramental que une todos os que foram regenerados por Cristo.

O apóstolo Paulo atribui a regeneração ora à fé, ora ao batismo. Há, pois, uma causalidade comum do batismo e da fé (cf. Rm 6,4; Cl 2,12; 1Cor 4,8). Para ele, a fé inclui o desejo implícito do batismo. Trata-se, porém, de fé em sentido existencial, e não meramente uma atitude sem compromisso. Essa é a fé que justifica. Constitui ainda uma indicação divina que permite à Igreja discernir sobre a oportunidade ou não de celebrar o sacramento.

DOM DE DEUS E VOCAÇÃO HUMANA

A fé da Igreja é anterior à fé do fiel, que é convidado a aderir a ela. Quando a Igreja celebra os sacramentos, confessa a fé recebida dos Apóstolos (*Catecismo da Igreja Católica*, n. 1124).

A fé do candidato pode ser válida para todos os que dependem de sua autoridade: sua família, sua casa. A fé do pai é de certo modo garantia de que ele irá educar seus filhos segundo o mandamento do Senhor (cf. Ef 6,4). De fato, muitas vezes a família inteira recebe o batismo, quando o chefe se converte (cf. At 10,24; 16,15; 1Cor 1,16).

O batismo é, antes de tudo, sinal daquela fé com a qual os seres humanos respondem ao Evangelho de Cristo, iluminados pela graça do Espírito Santo. Por conseguinte, a Igreja nada tem de mais importante e de mais próprio do que despertar em todos, sejam catecúmenos, sejam pais e padrinhos dos batizandos, aquela fé verdadeira e ativa, pela qual, dando sua adesão a Cristo, iniciam ou confirmam o pacto da Nova Aliança (*Ritual do batismo de crianças*, Introdução geral, n. 3).

Necessidade do batismo

A Sagrada Escritura afirma que não há outro caminho de salvação senão Jesus Cristo (cf. Mt 28,19; Mc 16,15-16; Jo 3,6; At 2,38; 22,16; Ef 5,26; Tt 3,5; 1Pd 3,21). Conforme o pensamento patrístico, a necessidade do batismo coincide com a de ser membro da Igreja. A eficácia do batismo atinge tal consideração que, nos séculos III e IV, sua celebração se retarda, por vezes, até a hora da morte, a fim de a pessoa não perder a graça do perdão e da santificação adquiridos. Não faltam, no entanto, protestos da parte de teólogos, como Agostinho e Cirilo de Jerusalém.

A doutrina da necessidade do batismo para a salvação entra de modo consistente na reflexão teológica quando os hereges pelagianos afirmam que, sem o batismo, pode-se perfeitamente alcançar a vida eterna, embora não o Reino de Deus. Os valdenses (hereges do século XII) consideram desnecessário o batismo de crianças. Lutero, por sua vez, valoriza-o, embora não lhe tenha sido fácil conciliar a necessidade do batismo com a afirmação de que somente a fé tem poder de salvação. Calvino rejeita decididamente o batismo de crianças. Atualmente, nas Igrejas da Reforma, a doutrina sobre a necessidade do batismo é objeto de opiniões, por vezes, contrastantes.

O Concílio de Trento afirma que, por disposição divina, o batismo é necessário para a salvação (cf. DS 1310ss; 1514; 1618; 1625ss). A afirmação

BATISMO

se fundamenta na necessidade de pertencer à Igreja como comunidade que celebra a salvação. Uma vez que Cristo – único Salvador, Cabeça da Igreja – e a salvação estão relacionados com o dom do Espírito Santo por ele enviado, parece conclusivo que somente aquele que pertence à Igreja pode ser salvo. Ora, o batismo é a porta de entrada na comunidade eclesial. Dado que a pregação constitui um pressuposto do batismo, fala-se, então, em batismo de desejo ou de sangue, isto é, de testemunho.

> Um tempo, isto é, antes da paixão e ressurreição do Senhor, bastava tão-somente a fé para se alcançar a salvação. Quando, porém, a fé dos *crentes* se especificou ulteriormente como o novo conteúdo do nascimento, da paixão e da ressurreição de Cristo, ocorreu uma plenitude sacramental, dado que o batismo constitui uma espécie de *revestimento* daquela fé que antes, por assim dizer, era nua, e cuja eficácia, por força da antiga estrutura, estava ainda privada de sua característica dimensão neotestamentária. Agora, porém, se acrescenta uma nova norma, que inclui o batismo prescrito pelo Evangelho (Mt 28,19). A esta norma é preciso ainda acrescentar aquela outra afirmação: "quem não renasce da água e do Espírito Santo não entrará no Reino dos céus" (Jo 3,5). Estas palavras vinculam a fé à necessidade do batismo. Eis porque, de ora em diante, todos aqueles que acreditam procuram também receber o batismo" (cf. Tertuliano, *De baptismo*, XIII,2).

Na verdade, a necessidade absoluta da purificação pela água não parece tão consistente, uma vez que a própria tradição da Igreja admite como válidos o batismo de sangue (martírio) e o batismo de desejo. Em que consiste, pois, essa necessidade? Constitui uma necessidade de preceito – após a promulgação do Evangelho e em força desta –, ou uma necessidade de meio – em força da própria natureza da salvação que é sobrenatural, o que equivale a uma necessidade absoluta? No primeiro caso, há possibilidade de exceção: Deus pode salvar para além de um preceito, quando este, em razão das limitações humanas, não é conhecido, ou não pode ser observado. Tratando-se, no entanto, de uma necessidade de meio, essa exceção não pode ocorrer, devido à própria natureza de meio, de condição.

De acordo com a teologia, essa necessidade de meio não harmoniza com o pensamento bíblico, que afirma ser Cristo o único meio de salvação (cf. At 4,12), o caminho, a verdade e a vida (cf. Jo 14,6), a única porta das ovelhas (cf. Jo 10,9), aquele sem o qual nada podemos fazer (cf. Jo 15,5), o Sumo e Eterno Sacerdote (cf. Hb 9,10-11; 13). Também não concilia com as condições e as dificuldades da natureza humana.

> Cristo, sem excluir povo algum, reúne em um só rebanho as santas ovelhas de todas as nações que existem debaixo do céu, e todos os dias cumpre o

que prometera ao dizer: "Tenho ainda outras ovelhas que não são deste redil. Também a elas devo conduzir; escutarão a minha voz, e haverá um só rebanho e um só pastor" (Jo 10,26)... É ele que alimenta os que se aproximam, com pastos tão férteis e bem irrigados, que inúmeras ovelhas, fortalecidas pela generosidade do seu amor, não hesitam em morrer pelo Pastor, o Bom Pastor, que deu a vida por suas ovelhas (Leão Magno, papa, século V, *Sermão 12*).

Todo meio natural e humano é relativo. Somente Cristo, o Filho de Deus feito homem, o Deus que se revela e o Deus revelado, é o Mediador entre o Pai e a humanidade, o meio – sacramento primordial, original – absolutamente necessário para a salvação. Isso não significa, absolutamente, menosprezo à celebração do batismo, enquanto sinal sensível da pertença ao povo de Deus chamado à salvação; nem justifica, de per si, o adiamento irresponsável do batismo, ou a sua negação.

A Igreja afirma que, para os que crêem, os sacramentos da nova aliança são *necessários* à salvação. A *graça sacramental* é a graça do Espírito Santo concedida por Cristo e peculiar a cada sacramento. O Espírito cura e transforma os que o recebem, conformando-os com o Filho de Deus. O fruto da vida sacramental é que o Espírito de adoção deifica os fiéis, unindo-os vitalmente ao Filho único, o Salvador (*Catecismo da Igreja Católica*, n. 1129).

O batismo de desejo

A Sagrada Escritura oferece apenas insinuações a respeito do batismo de desejo (cf. Lc 7,47; 10,27; 18,14; At 10,46ss). No contexto da necessidade do batismo para a salvação, autores da Igreja primitiva falam do batismo de desejo (Ambrósio, Tertuliano, Cipriano, João Crisóstomo, Cirilo de Jerusalém, Agostinho).

Na Idade Média, muitos teólogos acreditavam que os povos que viviam para além dos mares, os quais jamais viriam a ter acesso à mensagem do Evangelho de Jesus Cristo, estavam na mesma situação da humanidade antes da encarnação de Cristo, e que sua fé em Deus, Senhor do universo, Deus de misericórdia e de justiça, deveria ser interpretada como batismo de desejo.

A doutrina sobre o batismo de desejo é confirmada na carta do papa Pio XII ao cardeal Cushing, de Boston, em 1949. Nessa carta o papa explicita o sentido teológico da fórmula *fora da Igreja não há salvação*: "Em certas circunstâncias", afirma o Papa, "basta um desejo implícito do batismo e, com ele, um

BATISMO 33

desejo implícito da Igreja, uma vez que este desejo é inspirado pela fé sobrenatural e, sobretudo, pelo amor de Deus".

Aqueles, portanto, que, sem culpa, ignoram o Evangelho de Cristo e sua Igreja, mas buscam a Deus com coração sincero e tentam, sob o influxo da graça, cumprir por obras a sua vontade, conhecida através do ditame da consciência, podem conseguir a salvação eterna. A Divina Providência não nega os auxílios necessários à salvação àqueles que, sem culpa, ainda não chegaram ao conhecimento expresso de Deus e se esforçam, não sem a graça divina, por levar uma vida reta (*Lumen Gentium*, n. 16).

O conceito de batismo de desejo procura tornar compreensível a existência de uma ação salvadora e santificadora de Jesus na humanidade, fora do âmbito visível da Igreja. Dado que Cristo é o sacramento primordial fora do qual não há salvação, toda graça concedida à humanidade, ainda que fora do contexto da Igreja visível como instituição, contém o caráter sacramental de Cristo. Evidentemente, não devem faltar disposições internas, como a reta intenção e a busca sincera do bem em todos os momentos da vida.

Crianças que morrem sem batismo

Embora a Sagrada Escritura não ofereça nenhuma resposta concreta sobre esse tema, não se pode conciliar a vontade salvífica de Deus em relação aos seres humanos com o castigo eterno a alguém que venha a morrer sem a graça do sacramento do batismo.

Os santos padres não hesitam em assegurar a possibilidade de salvação. Na Idade Média, além da doutrina sobre o martírio como meio de salvação e sobre o batismo de desejo, teólogos, como Tomás de Aquino, ensinam que as crianças mortas sem batismo, embora não alcancem a beatitude plena, gozam, no entanto, de certa felicidade natural. Após o Concílio de Trento, essa opinião começa a fazer parte do patrimônio da teologia, mas jamais foi confirmada como verdade definida, deixando-se a questão em aberto.

Em nossos dias, os teólogos, apoiados nos estudos desenvolvidos pelas ciências ligadas particularmente à parapsicologia e à bioenergética, afirmam que a salvação faz parte do mistério de Deus; não compete a nós, portanto, desvendar os eternos desígnios. No entanto, dois princípios bíblicos devem ser levados em consideração: a vontade salvífica universal de Deus e a necessidade do batismo. Somente Cristo é absolutamente necessário.

PARA REFLETIR

- A validade do batismo de crianças.
- As crianças que morrem sem batismo.
- A salvação é obra de Jesus Cristo.
- A Igreja celebra os sacramentos que Jesus lhe confiou.

REZANDO COM A IGREJA – Rm 3,22-23.26; 6,4.9.11

Quem crer e for batizado será salvo.

A justiça de Deus se realiza
mediante a fé em Jesus Cristo
para todos os que crêem.

Todos pecaram e estão privados da glória de Deus.
E só podem ser justificados gratuitamente,
pela graça de Deus,
em virtude da redenção no Cristo Jesus.

Ele demonstra sua justiça, no tempo presente,
a fim de ser justo e tornar justo
todo aquele que se firma na fé em Jesus.

Pelo batismo fomos sepultados com ele em sua morte,
para que, como Cristo foi ressuscitado dos mortos
pela ação gloriosa do Pai,
assim também nós vivamos uma vida nova.

Sabemos que Cristo, ressuscitado dos mortos,
não morre mais.
A morte não tem mais poder sobre ele.
Vós, também, considerai-vos mortos para o pecado
e vivos para Deus, no Cristo Jesus.

II
A FÉ ILUMINA A VIDA

1

A família dos filhos de Deus
Batismo e Igreja

O batismo é o sacramento que constitui a Igreja. Não é, pois, sem razão, que a catequese da comunidade primitiva, seguindo o pensamento de Paulo, vê no rito da circuncisão, que faz do judeu membro do povo de Israel, uma figura deste sacramento. Em Israel, Deus reúne seu povo; depois de Pentecostes, a Igreja representa o novo povo de Deus, redimido pelo sangue de Cristo e renovado pela ação do Espírito Santo. A Igreja torna-se a família de Deus.

O sinal sensível da pertença à comunidade eclesial é o batismo: "Fomos batizados num só Espírito, para formar um só corpo, judeus e gregos, escravos e livres, e todos bebemos de um só Espírito" (1Cor 12,13). O catecúmeno é acolhido na Igreja, como que num edifício de pedras vivas unidas pelo Espírito. O sacramento do batismo constitui a porta através da qual se ingressa na família de Deus. Como incorporação a Cristo, torna o cristão participante da dupla dimensão desse corpo: filho de Deus por adoção, e irmão de Cristo e de todos os membros da comunidade.

Vós todos que fostes batizados em Cristo vos revestistes de Cristo. Não há mais judeu ou grego, escravo ou livre, homem ou mulher, pois todos vós sois um só, em Cristo Jesus (Gl 3,27-28).

A celebração do batismo não é, portanto, um ato isolado, mas evento de toda a comunidade eclesial. Cristo é o sacramento original. A Igreja, sacramento principal. Os sete sacramentos constituem momentos fortes nos quais a Igreja celebra a salvação que Cristo nos oferece, por obra do Espírito Santo. O batismo é o ato salvífico pelo qual Cristo reúne o seu povo. O cristão entra na comunidade eclesial como num corpo vivo. A Igreja, como comunidade, é a primeira a nascer do Cristo que morre; é a segunda Eva que, unida ao novo Adão, concede vida nova à descendência dos filhos de Deus (cf. 1Cor 15,45ss).

A FÉ ILUMINA A VIDA

Se considerarmos o batismo num contexto eclesiológico como iniciação à Igreja e à eucaristia que a edifica, a exclusão desse rito não significa, apenas, exclusão da salvação à qual são chamados todos pelos quais Cristo morreu e ressuscitou. Implica, também, privação da eucaristia e, por conseguinte, da plena inserção na Igreja, ainda que objetivamente para ela estejam todos orientados. Não se trata de condenação ou rejeição.

A acolhida da Igreja conduz à salvação de Deus, e a conversão à Igreja leva à conversão a Deus.

O elo entre batismo e Igreja esclarece também a prática do batismo de crianças. A finalidade do batismo é, pois, antes de tudo, a inserção na comunidade eclesial, e não, apenas, a garantia da vida eterna. Em outros termos: a primeira preocupação deve ser a de integrar o candidato ao batismo à Igreja; nela vivendo o Evangelho, com a ajuda dos irmãos na fé, o cristão estará se preparando para participar da vida plena em Deus (cf. *Lumen Gentium*, n. 40; 16).

Batismo de crianças

Todas as religiões têm cerimônias que precedem e seguem o nascimento de uma criança. Dentre os ritos que antecedem, figuram a abstenção de determinados alimentos, por parte dos pais, ou então o consumo obrigatório de outros, ou ainda jejuns, por ocasião do nascimento. Dentre os ritos que seguem o nascimento, temos a passagem pela porta, símbolo da vida que brota da morte e da morte que conduz à vida, e o uso da mesma faca para cortar o cordão umbilical e realizar a circuncisão. Existem ainda outros ritos relacionados à água, que é considerada princípio de vida (na cultura mesopotâmica, *Apsu* e *Tiamat* eram divindades primordiais de origem aquática) ou elemento de purificação e transformação (a imersão como símbolo de purificação e de vida nova é comum em todas as religiões, principalmente em forma de banho).

Outros ritos relacionados ao nascimento estão ligados à terra, tida como mãe: os romanos colocavam o recém-nascido sobre a terra. Na Indonésia, a criança é deitada sobre o chão e como que batizada com a terra, expressão da relação materna com a vida.

Outro rito, esse de cunho essencialmente comunitário, é a imposição do nome que relaciona o recém-nascido com seus antepassados. Significa também um augúrio: *nomem est omen* = o nome é um augúrio. Por esse motivo, freqüentemente os nomes são metafóricos e se referem a promessas de esperança. O nome pode ser mudado quando a pessoa assume novas funções.

O batismo de crianças encerra, pois, admirável estrutura antropológica nas diferentes religiões, a mesma que é explicitada pelos ritos de iniciação cristã, principalmente no contexto de morte-vida, purificação-transformação. Convém ainda sublinhar que os ritos em torno do nascimento são fundamentalmente comunitários: não são apenas os pais ou familiares, mas é toda a comunidade que acolhe os novos membros.

No âmbito cristão, as crianças são batizadas na fé da Igreja, fé confessada pelos pais e padrinhos, em comunhão com todos aqueles que estão presentes à celebração. Eles representam quer a Igreja local, quer a comunidade universal dos que crêem. Uma e mesma é a Igreja, mãe que gera a todos e a cada um. Eis a dimensão eclesial do batismo. Assim, a afirmação de que é a Igreja quem batiza não é uma expressão retórica, mas uma realidade teológico-pastoral.

Em concreto: o que significa batizar na fé da Igreja, senão que a fé da Igreja é anunciada na comunidade, não apenas genérica e abstratamente, mas, de modo concreto e pessoal, é transmitida pela família, a fim de que possa, mais tarde, ser assumida pela criança? Evidentemente, cabe à Igreja local a responsabilidade fundamental na acolhida dos novos batizados.

Cristo enviou seus discípulos para que em seu nome fosse proclamado a todas as nações o arrependimento para a remissão dos pecados (Lc 24,47). "Fazei que todos os povos se tornem discípulos, batizando-os em nome do Pai, do Filho e do Espírito Santo" (Mt 28,19). A missão de batizar, portanto, a missão sacramental, está implícita na missão de evangelizar, pois o sacramento é preparado pela Palavra de Deus e pela fé, que é assentimento a esta Palavra (*Catecismo da Igreja Católica*, n. 1122).

Embora no Novo Testamento não existam afirmações inteiramente claras sobre este assunto, pode-se, contudo, a partir da prática pastoral dos Apóstolos, obter alguns esclarecimentos. Paulo, por exemplo, batiza toda a família de Estéfanas (cf. 1Cor 1,16). Nos Atos dos Apóstolos aparecem outros exemplos semelhantes (cf. At 16,31-33; 10,48). Batizar toda a família significa também as crianças, uma vez que essas não são claramente excluídas.

Os testemunhos da Igreja primitiva são, pois, favoráveis ao batismo de crianças. Também os padres apostólicos: Justino, Irineu, Orígenes, Cipriano e Tertuliano e, em particular, Policarpo, afirmam a origem apostólica dessa prática. A partir do ano 230 já se celebra, com absoluta certeza, o batismo de crianças.

Na época dos santos padres não se pode deixar de citar o ensinamento de Agostinho. Ele afirma que a criança nasce filha da ira, imersa no pecado original; na fonte batismal, ela recebe a graça da filiação divina. O doutor da graça relaciona o batismo com a fé. A comunidade eclesial se reúne em torno da criança para confessar sua fé no mistério do batismo. Ele enfatiza a necessidade do batismo para a salvação porque, embora as crianças não tenham pecados pessoais, estão imersas no pecado original e, por conseguinte, têm necessidade da redenção de Jesus Cristo. Afirma, também, que o perdão do pecado original ocorre mesmo quando a criança é apresentada não pelos pais, mas por estranhos, que se responsabilizam pelo fato.

Ambrósio de Milão compara a necessidade do batismo de crianças com a obrigação de circuncidar os meninos no Antigo Testamento. A mesma prática pastoral é constatada por João Crisóstomo e por Jerônimo. Não faltam, a respeito, declarações de concílios regionais, como o de Elvira, e o terceiro Concílio de Cartago, em 397.

A teologia medieval se fundamenta na objetividade do plano de salvação de Deus: a liberdade humana está vinculada ao verdadeiro e ao bom. O batismo libera as forças da verdadeira libertação, mesmo antes do uso da razão. Tomás de Aquino afirma que as crianças crêem, não por um ato pessoal, mas pela fé da Igreja. O Concílio de Trento segue essa doutrina, tradicionalmente ensinada.

Do ponto de vista ecumênico, é bom recordar que Lutero defende o batismo de crianças, apoiando-se na tradição secular da Igreja, enraizada na Escritura. Não deixa de ser, no entanto, uma posição de certo modo antagônica, uma vez que, para ele, o batismo sem a fé não serve para nada. Defende, contudo, essa prática, recorrendo à profissão de fé da Igreja, em nome da criança. Atualmente, o pensamento protestante se divide em duas correntes, representadas por Karl Barth e por Cullmann. O primeiro põe em evidência a soberania absoluta de Deus no processo de justificação; a fé e o batismo são instrumentos de transmissão da palavra que salva. Não aceita, portanto, essa prática. Cullmann, por sua vez, elabora um conceito de fé e de sua relação com o batismo; por isso, admite como válido o batismo de crianças, excluindo todo aspecto mágico.

A Sagrada Congregação para a Doutrina da Fé publicou, há alguns anos, a *Instrução sobre o batismo de crianças* (20 de outubro de 1980). Depois de analisar o fato teologicamente, a *Instrução* responde às várias objeções levantadas contra essa prática litúrgica da Igreja.

Comentando a relação entre batismo e ato de fé, o documento assegura que esse sacramento não é jamais celebrado sem a fé; no caso de crianças, é a fé da Igreja. Ademais, o batismo não constitui apenas um sinal da fé, nem

BATISMO 41

mesmo a causa da fé: opera no batizado uma iluminação interior. Em relação ao batismo e à graça pessoal, a *Instrução* afirma que, na verdade, a criança é pessoa muito antes de estar em grau de o manifestar mediante atos de consciência e de liberdade. Sobre a referência existente entre batismo e liberdade, lembra que não existe liberdade humana tão pura que não sofra qualquer condicionamento. Mesmo sobre o plano natural, os pais realizam escolhas indispensáveis para a vida de seus filhos.

Analisando a ligação entre o batismo e a sociedade atual, acentua que os critérios de homogeneidade e pluralismo são apenas indicativos, e não podem ser considerados princípios normativos. O próprio conceito de sociedade pluralista não é consistente, uma vez que, nesse tipo de sociedade, a família e a Igreja podem agir livremente. Quanto à vinculação entre batismo e pastoral sacramental, o documento pondera que o apostolado da Igreja deve, sem dúvida, suscitar a fé viva e favorecer uma vivência realmente cristã; contudo, não se podem aplicar, de modo igual, as exigências da pastoral a adultos e a crianças.

PARA REFLETIR

- O batismo não é um ato isolado, mas uma celebração que envolve a Igreja.

- Os encontros de pais e padrinhos em preparação do batismo são uma tentativa pastoral de conscientizar os cristãos sobre a importância desse sacramento.

- Qual a avaliação que você faz desses encontros?

- Como você analisa a prática do batismo de crianças?

- O que significa o batismo para você?

REZANDO COM A IGREJA – Jr 1,5-10

Não tenhas medo,
pois estou contigo para defender-te.

"Antes de formar-te no seio de tua mãe,
eu já te conhecia,
antes de saíres do ventre, eu te consagrei
e te fiz profeta das nações."

Eu respondi: "Ah! Senhor Deus,
não sei falar,
sou apenas uma criança".

O Senhor respondeu:
"Não digas: 'Sou uma criança',
pois a quantos eu te enviar irás,
e tudo o que te mandar dizer, dirás.

Eu ponho minhas palavras em tua boca.
Vê: hoje eu te coloco contra as nações e reinos,
para arrancar e para derrubar,
devastar e destruir,
para construir e para plantar".

Sacerdotes, profetas e reis

Cristo Senhor, Pontífice tomado dentre os homens (Hb 5,1-5), fez do novo povo um *reino de sacerdotes* para Deus Pai (Ap 1,6). Pois os batizados, pela regeneração e unção do Espírito Santo, são consagrados como *templo espiritual e sacerdócio santo,* para que, por todas as obras do homem cristão, ofereçam sacrifícios espirituais e anunciem os poderes daquele que das trevas os chamou à sua admirável luz (*Lumen Gentium*, n. 10).

Cristo surgiu no mundo como sumo sacerdote, rei e profeta da nova aliança, e continua essa missão em sua Igreja, não de modo exterior, de fora, mas a partir de dentro. O cristão participa dessa tríplice função (cf. 1Pd 2,9). Segundo a Carta aos Hebreus, o sacerdócio espiritual e verdadeiro de Cristo é comunicado a todos os membros do seu corpo por intermédio do batismo (cf. Hb 10,22).

Encontramo-nos em presença de um traço profundo da estrutura da *economia divina*: o que é dado a um só para todos é, em seguida, entendido e comunicado a todos; aquilo que foi feito por *Um*, para todos, deve ainda ser, de certo modo, feito por todos. Cristo é Filho e, como tal, herdeiro. Nós nos tornamos filhos no Filho e co-herdeiros de Cristo. Cristo é o único templo; os fiéis são templos com ele (cf. Yves Congar, *Jalons pour une théologie du laicat*, 2. ed., Paris, Editions Du Cerf, 1954, pp. 173-174).

Nessa perspectiva devemos entender textos da Carta aos Hebreus (cf. Hb 8,1; 4,14-16; 10,19-22). Os cristãos são considerados sacerdotes, pois desempenham funções cultuais (ter acesso, aproximar-se). Na antiga aliança, apenas um pequeno número se aproximava do santuário, e somente o sumo sacerdote, uma vez por ano, entrava no recinto sagrado do *santo dos santos*. Jesus, no entanto, entra no verdadeiro *santo dos santos*, não aquele feito por mãos humanas, e permite-nos aí penetrar livremente e com segurança.

A FÉ ILUMINA A VIDA

O sacerdócio universal dos fiéis, conferido pela unção batismal, delega ao batizado o culto da religião cristã. Trata-se do mesmo e único sacerdócio de Cristo que é participado, de modo diverso, pelos ministros ordenados e pelos fiéis leigos. É em cada cristão, em cada membro do povo de Deus, que Cristo quer prosseguir sua missão. Todo aquele que se integra à Igreja pelo sacramento do batismo participa dessa consagração sacerdotal.

Esse sacerdócio universal não é próprio apenas dos leigos: todos os que recebem o sacramento da ordem continuam revestidos desse sacerdócio primordial, que constitui condição indispensável a toda consagração ulterior. É um sacerdócio de base. Qualquer outra participação no sacerdócio de Cristo não é senão o desenvolvimento dessa incorporação fundamental.

> Pelo batismo, Deus Pai vos libertou do pecado e vós renascestes pela água e pelo Espírito Santo. Agora fazeis parte do povo de Deus. Que ele vos consagre com o óleo santo, para que inseridos em Cristo, sacerdote, profeta e rei, continueis no seu povo até a vida eterna (*Ritual do batismo de crianças*, n. 79).

A vivência plena e consciente desse sacerdócio é celebrada, especificamente, no sacramento da confirmação e, a seu modo, nos demais sacramentos. No batismo, os cristãos recebem o perdão dos pecados, a adoção de filhos de Deus e o caráter de Cristo, pelo qual são agregados à Igreja e começam a participar do sacerdócio do seu Salvador. Pelo sacramento da confirmação, aqueles que renasceram pelo batismo recebem o dom inefável, o próprio Espírito Santo. São enriquecidos por ele com força espiritual e, marcados pelo caráter desse sacramento, ficam mais perfeitamente unidos à Igreja e mais estritamente obrigados a difundir e a defender a fé, por palavras e atos, como verdadeiras testemunhas de Cristo (Constituição Apostólica *Divinae Consortium Naturae*, Introdução geral).

Vós sois a gente escolhida, o sacerdócio régio, a nação santa, o povo que ele conquistou, a fim de que proclameis os grandes feitos daquele que vos chamou das trevas para a sua luz maravilhosa. Vós sois aqueles que antes não eram povo, agora, porém, são povo de Deus; os que não eram objeto de misericórdia, agora, porém, alcançaram misericórdia (1Pd 2,9-10).

Ainda que brevemente, parece oportuno traduzir, na vida cotidiana de cada cristão, o que significa ser sacerdote, profeta e rei. Essa tríplice missão é prerrogativa essencial de Cristo e se estende aos cristãos.

Jesus, sumo e eterno sacerdote, ofereceu, uma vez por todas, sobre a cruz, o sacrifício do seu Corpo e do seu Sangue, expressão de sua entrega incondicional à vontade do Pai: "Eu vim, ó Deus, para fazer a tua vontade"

(Hb 10,8). Jesus constrói sua vida e sua morte em obediência de amor, porque assim foi do agrado do Pai (cf. Mt 11,26). Não que o sacrifício cruento de Jesus tenha sido recusado pelo Pai: mas só é significativo se expressar a oferenda do coração (cf. Sl 51,18-19). O alimento para Jesus era fazer a vontade do Pai (cf. Jo 4,34).

O batismo significa e opera a incorporação dos fiéis à Igreja. Imprime um caráter que os delega ao culto religioso cristão. Opera também a regeneração, pela qual os fiéis se tornam filhos de Deus pela mediação da Igreja. A confirmação os vincula mais perfeitamente à comunidade eclesial, enriquecendo-os de especial força do Espírito Santo, para que possam ser verdadeiras testemunhas de Cristo. Pela participação na eucaristia, os fiéis celebram a plena inserção em Cristo e na Igreja, e oferecem ao Pai, por Cristo, oferta de suave odor (cf. Ef 5,2). A dimensão sacerdotal dos fiéis continua na celebração dos demais sacramentos e nas atitudes diárias vividas na santidade e na justiça.

Por conseguinte, todos os discípulos de Cristo, perseverando em oração e louvando juntos a Trindade, oferecem-se como hóstia viva, santa e agradável a Deus (cf. Rm 12,1). Por toda parte dão testemunho de Cristo. E, aos que pedem, dão as razões da sua esperança e da vida eterna (cf. 1Pd 3,15). O sacrifício espiritual celebrado pelos cristãos na santidade de vida não se opõe ao sacrifício eucarístico, mas constitui a maneira própria pela qual Cristo atua, levando à perfeição a ação sacrifical do seu Corpo, a Igreja. O sacerdócio comum dos fiéis recebe pleno sentido a partir do sacrifício eucarístico, por ser expressão do próprio culto de Cristo.

A pregação do Evangelho constituiu o centro do anúncio de Jesus; será também missão primordial dos cristãos. A Igreja, depositária da Boa-Nova, começa por se evangelizar, enviando, também ela, seus evangelizadores (Paulo VI, Exortação apostólica *Evangelii Nuntiandi*, n. 15). A missão evangelizadora do cristão não se atém ao anúncio da Palavra: antes de tudo, ele dá o testemunho próprio de um ouvinte assíduo e convicto do Evangelho. Transmite a Palavra libertadora, da qual ele mesmo já experimentou o poder de transformação; identifica-se com a Palavra anunciada; é, em sentido pleno, servidor da Palavra.

A participação na missão profética de Cristo supõe e exige conversão contínua, a fim de que os cristãos possam traduzir a perfeição evangélica em testemunhos de vida. A vida cristã deve ter condições para desenvolver-se normalmente na sociedade. Os discípulos de Cristo devem esforçar-se por suscitar no mundo um clima favorável e criar estruturas sociais segundo a lei de Deus. Neste mundo das realidades terrenas, o cristão leigo não é apenas investido de uma função própria; ele dispõe também de uma competência particular. Agindo como pregoeiros da fé das coisas a serem esperadas (cf. Hb 11,1)

A FÉ ILUMINA A VIDA

e vivendo uma vida animada pela fé, os cristãos exercem uma ação evangelizadora de particular eficácia.

Cristo é designado ora como rei, ora como pastor. Essas funções são por ele comunicadas não só aos membros do sacerdócio ministerial, mas igualmente aos que são revestidos do sacerdócio comum. No exercício de sua missão real e pastoral, o cristão testemunha a presença viva da caridade de toda a Igreja, nos mais diferentes setores de sua ação evangelizadora. Com os irmãos na fé, o cristão colabora na construção da comunhão eclesial e na renovação do espírito comunitário. Cultiva o amor a todos, sem distinção de etnia ou de religião. Faz-se servidor da humanidade, como Jesus, na promoção social e na vivência das obras de misericórdia. Empenha-se na opção preferencial pelos mais pobres, mais oprimidos e por todos os marginalizados.

Esse serviço régio supõe uma concepção cristã da vida e do mundo, o conhecimento do sentido da criação, seu valor e sua destinação eterna, que é a glória de Deus. Como conseqüência dessa atitude, o mundo se tornará mais imbuído do espírito de Cristo, na justiça, na caridade e na paz. Em sua atividade profissional, sustentada e elevada pela graça, o cristão deve esforçar-se por manifestar a imagem divina, escondida na obra da criação.

A responsabilidade do cristão leigo não se restringe, porém, ao domínio de sua atividade estritamente pessoal; tem também uma tarefa comum com as demais pessoas de todas as etnias e culturas, a fim de viabilizar a civilização do amor. Já que é o Senhor quem santifica, envia e dirige todos e cada um dos membros do povo de Deus, estes se servirão dos dons que lhes foram confiados para promoverem o novo céu e a nova terra.

PARA REFLETIR

- O sacerdócio dos batizados e sua relação com o ministério ordenado.
- Como o cristão exerce sua missão profética, sacerdotal e pastoral?
- O testemunho do cristão no mundo secular.

REZANDO COM A IGREJA – Hb 4,14-16

O Senhor jurou e não voltará atrás:
Tu és sacerdote para sempre.

BATISMO 47

Temos um sumo sacerdote eminente,
que atravessou os céus: Jesus, o Filho de Deus.
Permaneçamos firmes na profissão de fé.

Não temos um sumo sacerdote
incapaz de se compadecer de nossas fraquezas,
pois ele mesmo foi provado em tudo,
à nossa semelhança, sem, todavia, pecar.

Aproximemo-nos, então, seguros e confiantes,
do trono da graça,
para conseguirmos misericórdia
e alcançarmos a graça do auxílio
no momento oportuno.

3

Abre-te!

O Senhor Jesus, que fez os surdos ouvir e os mudos falar, lhe conceda que possa logo ouvir sua Palavra e professar a fé para o louvor e glória de Deus Pai (*Ritual do batismo de crianças*, n. 87).

O rito do *éfeta*, em que o celebrante toca os ouvidos e os lábios do batizado, recorda os gestos salvíficos de Jesus, libertando as vítimas da surdez e da mudez, que, além do seu valor próprio, remetiam para uma realidade mais profunda: a libertação da surdez e da mudez espirituais. Pede-se que o Senhor Jesus, que libertou a tantos, abra os ouvidos do batizado para a Palavra de Deus; e sua boca, para a proclamação da fé. A audição da Palavra de Deus, na fé e na caridade, deve tender à sua proclamação, pela palavra, pela vida e pela celebração (CNBB, *Batismo de crianças*, doc. 19, n. 140).

O sepulcro aberto demonstra que Jesus, embora tenha estado morto, vive por todo o sempre (cf. Ap 1,18). Não há, pois, razão para mantermos portas fechadas e continuarmos dominados pelo medo e tantos outros temores que rondam nossa vida cristã num mundo secularizado. Não se deve procurar entre os mortos aquele que está vivo (cf. Lc 24,5). Depois que o túmulo de Jesus foi escancarado pela ação do Espírito Santo, Senhor e Fonte de Vida, não é mais possível nos mantermos trancados nos egoísmos e nas susceptibilidades.

"Abri as portas a Cristo", insistia João Paulo II no início de seu ministério apostólico. Essa deve ser uma preocupação constante de cada cristão, uma vez que, com muita facilidade, se trancam as portas do coração aos apelos do Senhor. "Eis que estou à porta e bato; se alguém ouvir minha voz e abrir a porta, eu entrarei na sua casa e tomaremos a refeição, eu com ele e ele comigo" (Ap 3,20).

Primeiramente, é preciso ouvir a voz, reconhecer a voz do Pastor, como boas ovelhas (cf. Jo 10,3). Que nosso coração não se torne pesado, surdos nossos ouvidos, cegos os nossos olhos; que não sejam impedidos de ver e de ouvir o que o Senhor nos tem a mostrar e a dizer (cf. Is 6,10). Não fechemos

A FÉ ILUMINA A VIDA

o coração às necessidades dos irmãos (cf. 1Jo 3,17). Manter a porta fechada significa endurecer o coração, não dar ouvidos ao chamado do Senhor (cf. Sl 95,8). A fé vem pela pregação (cf. Rm 10,17).

Na realidade, que diz a Escritura? "A palavra está perto de ti, em tua boca e em teu coração". Esta é a palavra de fé que pregamos. Se, pois, com tua boca confessares que Jesus é o Senhor e, no teu coração, creres que Deus o ressuscitou dos mortos, serás salvo. É crendo no coração que se alcança a justiça, e é confessando com a boca que se consegue a salvação (cf. Rm 10,8-10).

A fé que salva e mantém os ouvidos atentos às inspirações do Espírito de Jesus Cristo não constitui uma atitude alienante, descomprometida com a justiça que nasce do amor. A fé inoperante não conduz à ressurreição: permanece morta (cf. Tg 2,20). Não basta que a fé transporte montanhas; é preciso que torne capaz de tudo desculpar, crer, esperar e suportar (cf. 1Cor 13,7).

Quando se tiver ouvido a voz do Senhor e aberto a porta do coração, ele entrará. Só então se perceberá que é ele a verdadeira porta, e que, passando por ela, se encontrará pastagem abundante. Todas as outras portas que o mundo nos oferece não conduzem à salvação, à plena liberdade. Fora de Cristo só existe roubo e assalto (cf. Jo 10,1-10).

Jesus pede licença para entrar em nossa casa; adentrando, damo-nos conta de que ele partiu para nos preparar um lugar em sua casa, a Trindade Santa, e que voltará, a fim de que onde estiver, estejamos também nós (cf. Jo 14,3). Na verdade, não somos nós que abrimos nossa porta, mas Cristo, a porta das ovelhas, é quem abre a dele e jamais a fecha, porque somente ele tem a chave de Davi, e aquilo que abre ninguém pode fechar, como o que fecha, ninguém pode abrir (cf. Ap 3,7). Que, em cada manhã, o Senhor desperte nossos ouvidos, a fim de que, como bons discípulos, prestemos atenção à sua voz (cf. Is 50,4-5).

> Possa Jesus ressuscitado, que se põe a caminho conosco pelas nossas estradas, deixando-se reconhecer, como sucedeu aos discípulos de Emaús, *ao partir do pão,* encontrar-nos vigilantes e prontos para reconhecer seu rosto e correr junto aos irmãos para levar o grande anúncio: "Vimos o Senhor" (João Paulo II, Carta apostólica *Novo Millennio Ineunte,* n. 59).

A porta, que somos nós, deve estar aberta também aos que convivem conosco, estão ao nosso lado, tomam parte na mesma luta diária e condividem o mesmo desejo de felicidade. É o Senhor quem está com fome e sede, é forasteiro, está doente, prisioneiro ou nu, e espera receber nossa acolhida, experimentar nosso amor (cf. Mt 25,37-40).

Com a caridade para com o próximo, os fiéis vivem e manifestam a sua participação na realeza de Jesus Cristo, isto é, no poder do Filho do homem que não veio para ser servido, mas para servir (Mc 10,45): vivem e manifestam essa realeza na forma mais simples que é possível a todos e sempre e, ao mesmo tempo, na forma mais digna, pois a caridade é o dom mais alto que o Espírito dá em ordem à edificação da Igreja (1Cor 13,13) e ao bem da humanidade. *A caridade, com efeito, anima e sustenta a solidariedade ativa que olha para a totalidade das necessidades do ser humano* (João Paulo II, Exortação apostólica *Christifideles Laici*, n. 41).

Na sociedade atual, quando, em nome da segurança, da privacidade e do conforto, as pessoas se trancam nas casas e nos apartamentos, como fortalezas de concreto e de tecnologia eletrônica, mais do que nunca é preciso abrir o coração para o outro.

Formamos, todos, uma só e grande família, que deve estar disposta a acolher os filhos pródigos que não cessam de retornar de sua experiência de desamor, como também os irmãos mais velhos que não entendem de misericórdia ou de perdão e se apóiam numa justiça mesquinha, sem compaixão; e que, exatamente por isso, não desejam participar da alegria daquele que não veio chamar os justos, mas os pecadores (cf. Mt 9,13), afirmando haver no céu maior alegria por um só pecador que se converta, do que por noventa e nove justos que não precisam de conversão (cf. Lc 15,7).

Amar é encontrar-se,
e encontrar-se
é aceitar sair de si mesmo
para ir ao encontro do outro.
Amar é comungar,
e comungar
é esquecer-se pelo outro,
morrendo totalmente a si mesmo
por causa do outro.
Amar, isso dói, meu filho.
Pois, desde que houve o pecado,
amar é muitas vezes
crucificar-se pelo outro.

("Encontrei Marcelo sozinho", in *O melhor de Michel Quoist*, Aparecida, Santuário, 1996, p. 95).

É preciso, enfim, abrir a porta do coração ao mundo e tornar realidade o desejo afetuoso da Igreja: "As alegrias e as esperanças, as tristezas e as angústias

A FÉ ILUMINA A VIDA

dos homens e de todos os que sofrem, são também as alegrias e as esperanças, as tristezas e as angústias dos discípulos de Cristo" (*Gaudium et Spes*, n. 1).

Como Jesus, o cristão está no mundo, mas a ele não pertence (cf. Jo 7,14). Assim como o mundo não reconheceu nem acolheu o Verbo de Deus que se fez carne (cf. Jo 1,10-11), assim também, muitas vezes, o mundo não reconhece nem acolhe o cristão. Mesmo assim, o Filho de Deus se encarnou para ser o *Emanuel*, o Deus conosco. De fato, Deus amou tanto o mundo que deu o seu Filho único para que todo o que nele crer não pereça, mas tenha a vida eterna (cf. Jo 3,16).

Mesmo que o cristão, pelo seu testemunho, torne-se espetáculo para o mundo (cf. 1Cor 1,18) e sua pregação pareça loucura e insensatez (cf. 1Cor 1,18), não deve jamais desanimar, porque foi em Cristo que Deus reconciliou o mundo (cf. 2Cor 5,19). A pregação do Evangelho deve continuar até que se realize em plenitude o desígnio salvífico e o reinado sobre o mundo pertença a nosso Senhor e ao seu Cristo. Ele reinará para todo o sempre (cf. Ap 11,15).

PARA REFLETIR

- A surdez e a mudez espiritual.
- "Não endureçais os vossos corações!" (cf. 1Jo 3,18-19).
- A fé autêntica se traduz em atitudes positivas e coerentes.
- Jesus é a *porta* das ovelhas.

REZEMOS COM A IGREJA – Ap 15,3b-4

Grandes e admiráveis são as tuas obras,
Senhor Deus, todo-poderoso!

"Justos e verdadeiros são os teus caminhos,
ó Rei das nações!

Quem não temeria, Senhor,
e não glorificaria o teu nome?
Só tu és santo!

Todas as nações virão prostrar-se
diante de ti,
porque tuas justas decisões se
tornaram manifestas."

Sal da terra e luz do mundo

Devido às suas propriedades de conservar e dar gosto, o sal era considerado como portador de especial força de vida. Uma tradição síria conta que os homens aprenderam dos deuses o uso do sal. Por causa de seu efeito de purificação, o sal desempenhou papel também no culto. Em Roma era costume pôr um pouco de sal nos lábios dos recém-nascidos.

O Antigo Testamento associa o sal à idéia de força que conserva a vida e lhe dá duração. Jesus contrapõe à maldade do mundo a eficácia do sal: "Vós sois o sal da terra" (Mt 5,13), sal que não pode perder o sabor para não perder o próprio sentido de existir. Jerônimo afirma que o próprio Cristo é o sal celeste. Na liturgia do rito romano do batismo, põe-se sal na boca do batizado como símbolo de sabedoria (cf. *Ritual do batismo de crianças*, n. 85).

O simbolismo do sal fundamenta a vivência frutuosa e responsável dos sacramentos. De fato, os ritos sacramentais não são cerimônias mágicas, mas encontros de graça com Deus que exigem resposta. Uma vida cristã que não corresponda ao sinal sacramental é uma mentira. Dado que os sacramentos não são apenas *encontros com Cristo*, mas também com a Igreja, o cristão deve viver como Igreja. O imperativo ético inclui um aspecto negativo e outro positivo.

Que diremos? "Vamos permanecer no pecado para que a graça aumente?" De modo algum. Nós que já morremos para o pecado, como vamos continuar vivendo nele? Acaso ignorais que todos nós, batizados no Cristo Jesus, é na sua morte que fomos batizados? Pelo batismo fomos sepultados com ele em sua morte, para que, como Cristo foi ressuscitado dos mortos pela ação gloriosa do Pai, assim também nós vivamos uma vida nova. Pois, se fomos, de certo modo, identificados a ele por uma morte semelhante à sua, seremos semelhantes a ele também pela ressurreição. Sabemos que o nosso *homem velho* foi crucificado com Cristo para que seja destruído o corpo sujeito ao pecado, de maneira a não mais servirmos ao pecado. Pois aquele que morreu está livre do pecado (Rm 6,1-7).

A FÉ ILUMINA A VIDA

De acordo com o Apóstolo, a vida nova, operada pelo Espírito no batismo, é o início de uma longa caminhada. Há um momento em que somos ainda crianças, terrenos e carnais (cf. 1Cor 3,1-3). Precisamos ser continuamente gerados na fé (cf. Gl 4,19). O processo de maturação espiritual é contínuo, até que cheguemos ao estado de seres humanos perfeitos, até alcançarmos a medida da plena estatura de Cristo (cf. Ef 4,13).

O ser é a fonte do agir. As atitudes de vida decorrem de um princípio interior. Se o cristão se torna pelo batismo nova criatura (cf. 2Cor 5,17), como que ressuscitando dos mortos (cf. Ef 2,1.5-6), deve, conseqüentemente, viver de acordo com essa nova realidade. Esse novo compromisso moral, no entanto, não é fruto do esforço meramente humano; acima de tudo, constitui ação da graça divina.

Como a vivência moral inclui uma atitude religiosa, a vida cristã torna-se um ato de culto a Deus, por Cristo, na força do Espírito (cf. Hb 5,7; 1Tm 3,16). Toda a moral cristã se baseia na caridade. Todo aquele que nasce de Deus vive o amor, uma vez que Deus é amor e comunica sua natureza a seus filhos (cf. 1Jo 4,17). A caridade de Deus foi derramada em nossos corações (cf. Rm 5,5). Pelo batismo o ser humano é revestido dessa natureza (cf. 1Pd 1,22; Cl 2,14). Toda a vida moral cristã se desenvolve a partir do amor de Deus (cf. Ef 5,2).

Vê, quando és batizado, donde vem o batismo, senão da Cruz de Cristo, da morte de Cristo. Lá está todo o mistério: ele sofreu por ti. É nele que és redimido, é nele que és salvo e, por sua vez, te tornas salvador (Ambrósio, Sacramentos, n. 2,2,6).

Solidariedade no bem

A graça divina, celebrada na liturgia e na vida, é, por excelência, mistério da caridade divina, que deve transformar-se em atitudes concretas de amor fraterno. Assim vivida, a liturgia atinge todo o realismo e toda a verdade. Faz-nos mergulhar no mundo do pecado, lá onde o amor ainda não venceu a morte, para gritar a tantos quantos desejam um mundo melhor: "'Onde está, ó morte, a tua vitória? Onde está, ó morte, o teu aguilhão?' Ora, o aguilhão da morte é o pecado e a força do pecado é a Lei. Graças sejam dadas a Deus que nos dá a vitória por Nosso Senhor, Jesus Cristo" (1Cor 15,55-57).

Cristo se fez pobre, a fim de assumir e transformar a pobreza humana numa ocasião de bem-aventurança: "Felizes os pobres no espírito, porque deles é o Reino dos céus" (Mt 5,3). Jesus não só é modelo de pobreza; acima de tudo, é *bom samaritano,* que se identifica com a dor e o abandono do pobre (cf. Lc 10,33-35).

A compaixão não deve transformar-se num mero sentimento de piedade para com o necessitado, mas, sim, em identificação com o sofrimento do próximo, que é Jesus presente entre nós (cf. Mt 25,40). "A glória de Deus é o homem vivo", afirma Irineu. Se Jesus veio trazer a vida em abundância (cf. Jo 10,10), nosso empenho a favor dos pobres não terá alcançado seu pleno objetivo enquanto os necessitados não participarem dessa plenitude de vida.

Combater a miséria e lutar contra a injustiça é promover não só o bem-estar, mas também o progresso da humanidade. A paz não se reduz a uma ausência de guerra, fruto do equilíbrio sempre precário das forças. Constrói-se, dia a dia, na busca de uma ordem querida por Deus, que traz consigo uma justiça mais perfeita entre os homens (Paulo VI, Carta encíclica *Populorum Progressio,* n. 76).

O cristão no mundo secular

"Recebam a luz de Cristo", diz o que preside o batismo. E, após o pai ou o padrinho acenderem a vela no círio pascal, o presidente da celebração acrescenta, enquanto a vela é segurada na mão da criança: "Querida criança, você foi iluminada por Cristo para se tornar luz do mundo. Com a ajuda de seus pais e padrinhos caminhe como filho e filha da luz" (*Ritual do batismo de crianças,* n. 84).

Os mitos da antiguidade descrevem a luta entre o deus da luz e o deus das trevas. Nos templos do Egito antigo, luzes brilhavam diante das imagens dos deuses. No Antigo Testamento a luz era considerada atributo divino, pois Iahweh estava envolvido em luz como num manto (cf. Sl 104,2). Junto dele habita a luz que tudo penetra (cf. Dn 2,22). Ele levanta sobre nós a luz da sua face (cf. Sl 4,7). O preceito do Senhor é uma lâmpada e sua instrução é uma luz (cf. Pr 6,23). Na profecia do Apocalipse, a glória de Deus ilumina a Jerusalém celeste (cf. Ap 21,23).

No início do seu evangelho, João afirma que Jesus Cristo é a verdadeira luz que ilumina todo ser humano (cf. Jo 1,9), fazendo eco à profecia de Isaías: "O povo que andava na escuridão viu uma grande luz, para os que habitavam as sombras da morte uma luz resplandeceu" (Is 9,1). O próprio Cristo se diz luz do mundo; quem o segue não anda nas trevas, mas terá a luz da vida (cf. Jo 8,12). A luz de Cristo é levada por todo o mundo pelos seus discípulos.

Interpretando esse ensinamento de Jesus para os dias de hoje, o papa João Paulo II afirma em sua Exortação apostólica *Christifideles Laici,* n. 15:

A FÉ ILUMINA A VIDA

A índole secular é própria e peculiar dos fiéis leigos. São pessoas que vivem a vida normal no mundo, estudam, trabalham, estabelecem relações amigáveis, profissionais, culturais. O mundo torna-se assim o ambiente e o meio da sua vocação cristã. São chamados por Deus para que, aí exercendo o seu próprio ofício, inspirados pelo espírito evangélico, concorram para a santificação do mundo a partir de dentro, como fermento, e deste modo manifestem Cristo aos outros, antes de tudo, pelo testemunho da própria vida, pela irradiação de sua fé, esperança e caridade.

PARA REFLETIR

- Ser sal e ser luz.
- A vivência da solidariedade.
- Sombras e luzes da sociedade atual.
- A glória de Deus é o ser humano vivo.

REZANDO COM A IGREJA – Mt 5,13-16

Vós sois o sal da terra!
Vós sois a luz do mundo!

"Se o sal perde seu sabor,
com que se salgará?

Não servirá para mais nada,
senão para ser jogado fora
e pisado pelas pessoas.

Uma cidade construída sobre a montanha
não fica escondida.

Não se acende uma lâmpada
para colocá-la debaixo de uma caixa,
mas sim no candelabro,
onde ela brilha para todos os que estão em casa.

Assim também brilhe a vossa luz
diante das pessoas,
para que vejam as vossas boas obras
e louvem o vosso Pai que está nos céus."

5

Batismo e missão

A unidade entre os sacramentos do batismo, da crisma e da eucaristia é fundamental para que se compreenda a participação no mistério pascal de Cristo como um processo teológico, sacramental e existencial. Enquanto esses sacramentos eram celebrados gradualmente, como etapas de uma realidade maior, o mistério pascal, que principiava com a adesão a Cristo pelo batismo, passando pelo testemunho consciente e responsável da fé na confirmação, para atingir a plena vivência com a participação na eucaristia, a iniciação mantinha a indispensável unidade e a seqüência teológica. Quando eles começaram a ser celebrados separadamente, quase como que realidades estanques, a separação cronológica acabou por criar um hiato teológico, particularmente entre o batismo e a confirmação.

A unidade dos três sacramentos não é, pois, apenas uma questão litúrgica: batismo, crisma e eucaristia se fundamentam sobre a unidade do mistério pascal. Constituem ritos significativos e operativos do mesmo mistério, destinados a realizar, de modo progressivo, a plena configuração com Cristo, na Igreja.

Para entender o caráter missionário, a dimensão de testemunho do batismo, é imprescindível que se mantenha estreita ligação teológico-pastoral com a confirmação. Nesse sacramento, de modo particular, explicita-se a missão do cristão na Igreja e no mundo.

Todos os temas relacionados à teologia do batismo jamais separam a vida nova, obra do Espírito, do compromisso moral e da vivência da fé, igualmente obras do Espírito. O mistério pascal de Cristo é causa e modelo da nossa passagem da morte para a vida (cf. Rm 5,3). O batismo nos insere no Corpo de Cristo para que sejamos membros ativos. Ao falar dos deveres gerais dos fiéis e de seu compromisso moral, Paulo insiste que foram lavados pelo poder regenerador e renovador do Espírito (cf. Tt 3,5). "Estar em Cristo", "viver segundo Cristo" é, inclusive, garantia da ressurreição (cf. 1Cor 15,22ss).

Todo batizado é, pois, morada do Espírito em vista da vida nova que deve frutificar em obras boas. O Espírito atesta que somos filhos de Deus (cf. Rm 8,26), clama em nosso coração (cf. Gl 4,6), ensina palavras de sabedoria divina

A FÉ ILUMINA A VIDA

(cf. 1Cor 2,13), penetra as profundezas de Deus (cf. 1Cor 2,10), suscita e distribui dons espirituais (cf. Rm 8,5) em vista do testemunho cristão na Igreja e no mundo. No entanto, não há testemunho sem testemunha, como não há missão sem missionário. O Espírito age pelo batismo, a fim de que o cristão se abra às realidades divinas, fazendo nele nascer fé estável, frutuosa e plena liberdade.

Em Jesus Cristo descobrimos a imagem do *homem novo*, à qual fomos configurados pelo batismo e com a qual fomos assinalados pela confirmação, imagem também de tudo aquilo que todo o homem é chamado a ser, fundamento último de sua dignidade (*Puebla*, n. 333).

A filiação divina coloca, pois, o batizado diante de uma série de serviços e de responsabilidades na vida cotidiana. Vocação é missão. Todos os cristãos, onde quer que vivam, devem, pois, manifestar com o exemplo da própria vida e com o testemunho de sua palavra o homem novo, Cristo, do qual foram revestidos no batismo.

Os cristãos iniciados são chamados a levar uma vida nova em que apareça, ao menos um pouco, a dimensão fundamental de salvos na esperança. Na convivência comunitária vai-se descobrindo a dimensão de amor a ser experimentada no contato com as pessoas. A experiência de fé se efetiva na vivência da fraternidade. A comunidade que vive na fé deve freqüentemente fazer experiência da convivência no amor (Maucyr Gibin, "É possível viver a fé hoje?", Revista de liturgia *A vida em Cristo e na Igreja* 3, São Paulo, Discípulas do Divino Mestre, 1974, p. 32).

Do ponto de vista da vida futura, o batismo é o sacramento que constitui a Igreja. Celebrando o batismo, ela gera novos filhos e edifica a si mesma. Revestido de Cristo, o cristão se empenha em tornar novas todas as coisas, por Cristo, com Cristo e em Cristo, em vista do novo céu e da nova terra (cf. Ap 21,1). A Igreja exprime essa índole missionária batismal, atribuindo aos cristãos tarefas, ministérios e funções dentro e fora do contexto eclesial, preparando seus filhos para a evangelização e a transformação da sociedade.

Todo o povo de Deus, em cada um de seus membros, é responsável por esta missão da Igreja. (...) Pertencer à Igreja de Cristo é, ao mesmo tempo, uma graça e uma responsabilidade; é dever de cada cristão colaborar para a edificação da Igreja. (...) É da comunidade cristã como tal que devem brotar a luz que ilumina todo homem, o anúncio da Boa-Nova, o apelo para seguir Cristo, a proclamação da mensagem e das beatitudes. Pela vida e pela ação, pela existência segundo o Espírito, a comunidade dos fiéis se revela como sinal apresentado pelo novo Israel (Cardeal Suenens, *Corresponsabilidade na Igreja de hoje*, Petrópolis, Vozes, 1969, p. 34).

BATISMO 59

Os batizados pela regeneração e pela unção do Espírito Santo são consagrados como "casa espiritual" e sacerdócio santo para o culto cristão e para o anúncio de Jesus Cristo, luz dos povos. Por toda parte devem dar testemunho e explicar as razões de sua esperança. Paulo afirma que nós, batizados em Cristo Jesus, fomos batizados para participar de sua morte. Se com ele fomos sepultados pelo batismo, foi para que, participando de sua morte, também vivamos uma vida nova com ele, que ressuscitou dentre os mortos para a glória de Deus Pai (cf. Rm 6,3-4).

O rito sacramental confere a fé na medida em que ele transforma a comunidade e a faz tomar consciência de que ela pode realizar as libertações que tornarão visível a ação de Deus. A fé não é conferida por qualquer mecanismo mágico, mas para que o novo membro possa sentir, tocar, experimentar e descobrir o poder de Deus em ação na sociedade (Gérard Fourez, *Os sacramentos celebram a vida*, Petrópolis, Vozes, 1994, p. 77).

João exprime esse compromisso missionário com o verbo "permanecer". Jesus convida a permanecer nele, pois não se pode dar frutos, separado dele (cf. Jo 15,4-6). O Pai será glorificado pelo muito fruto que o cristão produzir. Observar os mandamentos é permanecer nele. O discípulo de Cristo é escolhido para ir e produzir fruto: então, pode pedir tudo, inclusive a vida plena ao final da peregrinação terrena, que o Pai lhe concederá (cf. Jo 15,16).

A missão de Jesus se prolonga, pois, na vida de seus discípulos. Graças à missão dos Apóstolos e da Igreja, a obra redentora de Jesus está destinada a alcançar todos os seres humanos e se desenvolve no espaço e no tempo por meio da ação de cada cristão, pelo testemunho cotidiano da justiça e do amor.

Pelo testemunho de sua vida, pela palavra oportuna e sua ação concreta, o cristão tem a responsabilidade de ordenar as realidades terrenas para colocá-las a serviço da restauração do Reino. De outra parte, particularmente o cristão leigo deve trazer ao conjunto da Igreja a sua experiência de participação nos desafios e urgências do mundo secular, de pessoas, famílias, grupos sociais e povos, para que a evangelização se enraíze com vigor (cf. *Puebla*, n. 795).

As vocações eclesiais, em sua diversidade e complementaridade, fundamentam-se, em última instância, no sacramento do batismo, dom primordial. A teologia e a pastoral dos ministérios não podem ser desenvolvidas senão a partir do "sacerdócio comum dos fiéis", participação no único sacerdócio de Cristo, mediante o dom batismal.

A vocação universal à santidade está estritamente ligada à vocação universal à missão. Em outros termos: para ser santo, é preciso cultivar profundo espírito missionário. Para a Igreja, que "se acostumou" a batizar sem maiores exigências, e talvez para nós, que freqüentemente nos acomodamos, confiantes

A FÉ ILUMINA A VIDA

na eficácia do batismo, fica a pergunta: O que estamos fazendo com o sacramento do batismo? Vivemos tranqüilos na certeza da salvação garantida, com o talento enterrado, seguro, ou nos inquietamos como Paulo que exclamava: "Ai de mim se não evangelizar!"? Devemos preocupar-nos não só com a salvação futura, mas também com o testemunho de fidelidade a Cristo no cotidiano de nossa vida, pois somente assim ouviremos do Divino Mestre: "Muito bem, servo bom e fiel, porque foste fiel no pouco, muito te darei. Vem, alegra-te com o teu Senhor" (Mt 25,21).

PARA REFLETIR

- Como você procura viver sua vocação cristã?
- O batismo nos torna missionários.
- Pelo batismo o cristão é inserido na Igreja.
- Qual a missão do cristão no mundo?

REZANDO COM A IGREJA - Lc 10,1-6.

O Reino de Deus está próximo!

O Senhor escolheu outros setenta e dois
e enviou-os, dois a dois, à sua frente,
a toda cidade e lugar
para onde ele mesmo devia ir.

E dizia-lhes: "A colheita é grande,
mas os trabalhadores são poucos.

Pedi, pois, ao Senhor da colheita
que mande trabalhadores para sua colheita.
Eis que vos envio
como cordeiros para o meio de lobos.

Não leveis bolsa, nem sacola, nem sandálias,
e não vos demoreis
para saudar ninguém pelo caminho!

Em qualquer casa em que entrardes,
dizei primeiro:
'A paz esteja nesta casa!'

Se ali morar um amigo da paz,
a vossa paz repousará sobre ele;
senão, ela retornará para vós".

Conclusão

O batismo inaugura nova existência em Cristo e na Igreja. Se vivemos pelo Espírito, procedamos também de acordo com ele (cf. Gl 5,25). Em Cristo, Deus nos escolheu, antes da fundação do mundo, para sermos santos e íntegros diante dele, no amor (cf. Ef 1,4).

O sacramento do batismo constitui, pois, a fonte de todas as vocações. Os diversos carismas, dons e ministérios, são diferentes expressões da atuação dos filhos de Deus, regenerados na fonte batismal. "Todos os cristãos, com efeito, onde quer que vivam, fazem questão de manifestar, com o exemplo de sua vida e com o testemunho de suas palavras, o homem novo com o qual foram revestidos no batismo" (*Ad Gentes*, n.11).

Pela celebração do batismo, a Páscoa de Cristo torna-se nossa páscoa (cf. 1Cor 5,7). Libertos do pecado e da Lei, inauguramos a vida nova, somos nova criação. Inicia-se a caminhada em busca da realização plena do Reino de Deus, à luz do êxodo de Jesus Cristo. Somos chamados a testemunhar a fé na força do Espírito e nos alimentamos da eucaristia, pão de vida eterna (cf. Jo 6,58). Assumindo a aliança com Deus, caminhamos à sua luz, fortalecemo-nos com sua Palavra e testemunhamos Cristo ressuscitado, vivo e atuante entre nós. Pelo batismo, o cristão, na força do Espírito, dá início ao processo de identificação com Jesus, até que Cristo seja tudo em todos.

> Eu te assinalo
> em nome do Pai, do Filho e do Espírito Santo
> para que sejas cristão:
> os olhos, para que vejas a Deus;
> os ouvidos, para que ouças a voz de Deus;
> as narinas, para que percebas o suave odor de Cristo;
> os lábios, para que, uma vez convertido,
> confesses o Pai, o Filho e o Espírito Santo;
> o coração, para que creias na Trindade indissolúvel.

DOM DE DEUS E VOCAÇÃO HUMANA

O Verbo nos santificou,
o Espírito nos selou,
o velho homem foi sepultado
e o novo homem veio ao mundo,
encontrando de novo sua juventude pela graça.

(Gregório de Nissa, séc. IV, *Homilia 13*).

Sumário

Apresentação 5

I
DOM DE DEUS E VOCAÇÃO HUMANA

1. A filiação divina 9
2. O Senhor nos dê sua força 13
3. É preciso nascer de novo! – O desejo de vida plena 19
4. Batizados no Espírito 23
5. Quem crer e for batizado 29

II
A FÉ ILUMINA A VIDA

1. A família dos filhos de Deus – Batismo e Igreja 37
2. Sacerdotes, profetas e reis 43
3. Abre-te! 49
4. Sal da terra e luz do mundo 53
5. Batismo e missão 57

Conclusão 61

Impresso na gráfica da
Pia Sociedade Filhas de São Paulo
Via Raposo Tavares, km 19,145
05577-300 - São Paulo, SP - Brasil - 2017